Animation mit Procreate
und Procreate Dreams

Sophia Helena Dei

Animation mit Procreate und Procreate Dreams

mitp

Bibliografische Information der Deutschen Nationalbibliothek
Die Deutsche Nationalbibliothek verzeichnet diese Publikation in der Deutschen Nationalbibliografie; detaillierte bibliografische Daten sind im Internet über http://dnb.d-nb.de abrufbar.

Bei der Herstellung des Werkes haben wir uns zukunftsbewusst für umweltverträgliche und wiederverwertbare Materialien entschieden.
Der Inhalt ist auf elementar chlorfreiem Papier gedruckt.

ISBN 978-3-7475-0713-1
1. Auflage 2024

www.mitp.de
E-Mail: mitp-verlag@sigloch.de
Telefon: +49 7953 / 7189 - 079
Telefax: +49 7953 / 7189 - 082

Lektorat: Sabine Schulz
Sprachkorrektorat: Nicole Winkel
Coverbild: Sophia Helena Dei
Druck: ADverts in Riga, Lettland

Inhaltsverzeichnis

Lass dich von der magischen Welt der bewegten Bilder verzaubern!

Schau dir alle Buchprojekte hier animiert an:
www.studio-umi.de/animationsbuch

Einleitung

Du hast bisher deine Kreativität immer nur auf Papier ausgelebt, aber wolltest schon lange einmal die Welt des digitalen Zeichnens erkunden? Oder hast du schon das digitale Zeichnen für dich entdeckt, aber möchtest nun mit Animation noch mehr aus deinen Bildern herausholen?

Dann bist du hier genau richtig, denn ich zeige dir die Schritte, die du mit der App *Procreate* und der App *Procreate Dreams* gehen musst, um deine erste einfache Animation zu erstellen.

Mein Name ist Sophia und mein iPad begleitet mich nun schon seit vielen Jahren und hat mir die Welt des digitalen Zeichnens und Animierens näher gebracht. Dieses Wissen möchte ich dir nun weitergeben. Mein größter Erfolg ist es, dich zu inspirieren, auch mit Animationen und digitalen Zeichnungen kreativ zu werden.

Über dieses Buch

Die iPad-Apps *Procreate* und *Procreate Dreams* machen es selbst Einsteigern möglich, ihre Filmideen umzusetzen. In diesem Buch erkläre ich dir nicht nur in der Theorie, wie es geht, sondern gebe dir auch zahlreiche Praxisbeispiele an die Hand. Jedes Projekt habe ich für dich einmal für *Procreate* und einmal für *Procreate Dreams* beschrieben. Mir war es besonders wichtig, dass du dich nicht auf ein Programm festlegen musst, sondern beide *Procreate*-Programme kennenlernst.

Das Thema Weltraum, wird dich in den ersten Projekten begleiten. Wie ein Forscher werden wir fremde Galaxien entdecken und Raumschiffe, Planeten und Kometen bewegen. Dabei lernst du spielerisch die Prinzipien der Animation kennen. Danach geht es zurück auf die Erde und wir schauen uns die Bewegungen von Tieren und Menschen ganz genau an. Motion Graphics und spezielle Animationstechniken erwarten dich dann am Ende dieses Buches. Übrigens: Alle Projekte in diesem Buch kannst du dir in animierter Form auf *www.studio-umi.de/animationsbuch* anschauen.

Bevor du dich jetzt gleich in die ersten Projekte stürzt, möchte ich dir danken, dass mein Buch einen Platz bei dir zu Hause im Kreativbücherregal gefunden hat.

Jedes Projekt wurde mit viel Liebe und Herzblut für dich erstellt und mein Ziel ist es, dich Schritt für Schritt an ein so komplexes Thema wie Animation zu führen. Denn auch wenn du noch nie etwas mit Animation zu tun hattest, wirst du am Ende in der Lage sein, kleine animierte Filme zu erstellen.

Außerdem soll dich das Buch dazu inspieren, selbst kreativ zu werden. Probiere aus, ändere die Projekte ab, mach was Eigenes draus!

Die Autorin

Hi, mein Name ist Sophia. Mein Lebensmotto ist *Make it Move*! Ob im Privatleben oder beruflich – ich bringe gerne Dinge in Bewegung und Bewegtbilder faszinieren mich schon seit meiner Kindheit.

Seit ich mich erinnern kann, bin ich von Stiften und Comics umgeben. Mein liebstes Hobby war es, die Disney-Charaktere abzuzeichnen und auszumalen. Die Filme »König der Löwen«, »Aladdin« und viele weitere haben mich dabei immer inspiriert.

Ich kann mich noch so gut daran erinnern, wie ich mich mit meiner kleinen Schwester aus dem Zimmer geschlichen habe, um heimlich die neuesten Disney-Klassiker zu sehen.

Dort, vor dem Bildschirm, tauchte ich ein in Geschichten von mutigen Prinzessinnen, liebenswerten Tierfreunden und Märchenzauber.

Ich weinte mit Bambi, lachte mit Timon und Pumbaa in König der Löwen und fühlte mich wie Arielle, die kleine Meerjungfrau, wenn sie von der Freiheit der Welt über dem Wasser träumte. All die Emotionen, die diese Filme in mir weckten, haben mich letztendlich zu einem kreativen Beruf geführt.

Denn die Liebe zum Zeichentrickfilm brachte mich zum Zeichnen und das Zeichnen schließlich zum Grafikdesign.

In meinem Kommunikationsdesign-Studium durfte ich erste Erfahrungen mit Film und dem Programm *After Effects* sammeln. Später im Job folgten Erklärfilme und animierte Projekte.

Doch die Wende kam mit dem iPad und der App *Procreate*. Dadurch wurde es mir ermöglicht, bequem und einfach vom Sofa aus Animationen mit Wow-Effekt zu erstellen.

Seitdem lässt mich die Faszination für kleine bewegte Figuren und kurze Filmchen einfach nicht mehr los und deshalb gibt es nun auch dieses Buch.

Auf Instagram findest du mich unter @studio_umi und auf meinem YouTube-Kanal kannst du noch das ein oder andere vertiefende Tutorial finden. Außerdem teile ich meine Tutorials und kreativen Projekte auf *www.studio-umi.de*.

Viel Spaß bei der Lektüre,
deine Sophia

Kapitel 1

Material & Software

Du benötigst wirklich nur sehr wenig, um mit dem Animieren loszulegen. Ich werde hier die Grundlagen durchgehen und einige optionale Extras besprechen, die dir helfen werden, einen komfortablen Arbeitsbereich einzurichten.

1.1 Die Ausstattung

Lass uns mit den absoluten Basics starten. Du brauchst ein iPad, die App *Procreate* und einen digitalen Zeichenstift.

Procreate-App

Die App *Procreate* kannst du dir für circa 14,99 Euro (Stand Februar 2024) im Apple Store kaufen und auf deinem iPad installieren. Wie das genau geht, erkläre ich dir ganz ausführlich im nächsten Abschnitt. Gleich vorweg: Leider ist *Procreate* nur mit dem iPad kompatibel. Du brauchst also ein iPad, um die App nutzen zu können. Bitte beachte, dass *Procreate* hauptsächlich für Illustrationen und Grafiken entwickelt wurde, und während es einige Animationstools bietet, sind diese im Vergleich zu denen in spezieller Animationssoftware begrenzt. Wenn du nach der Lektüre dieses Buches tiefer in die Animation einsteigen möchtest, empfehle ich dir *Adobe After Effects*.

Procreate Dreams-App (optional)

Achtung, nicht verwechseln! *Procreate* hat eine eigene Software nur für Animationen entwickelt: Die leistungsstarke App *Procreate Dreams*. In *Dreams* kannst du auf einfache Art und Weise ganze Kurzfilme erstellen. Wir schauen uns in diesem Buch die Basics von *Procreate Dreams* an und jedes der Tutorials erkläre ich dir sowohl in *Procreate* als auch in *Procreate Dreams*. Aber du benötigst die *Dreams*-App nicht, um die Tutorials dieses Buches nachzumachen. Die App kostet etwa 22,99 Euro (Stand Februar 2024) einmalig und du findest sie ebenfalls im App Store.

iPad

Wenn du bereits ein iPad und einen Apple Pencil hast, überprüfe deren Kompatibilität mit der neuesten Version von *Procreate*. Die Kompatibilität kann sich im Laufe der Zeit ändern, da die App weiterentwickelt wird und neue Funktionen hinzukommen.

Folgende iPad-Modelle sind mit *Procreate* kompatibel (Stand Februar 2024):

- iPad Pro 12.9 (1., 2., 3., 4., 5. und 6. Generation)
- iPad Pro 11 (1., 2., 3. und 4. Generation)
- iPad Pro 10.5
- iPad Pro 9.7

- iPad (5., 6., 7., 8., 9. und 10. Generation)
- iPad Air (3., 4. und 5. Generation)
- iPad Air 2
- iPad Mini (5. und 6. Generation)
- iPad Mini 4

Bitte überprüfe immer die offizielle Website von *Procreate*, um sicherzustellen, dass deine spezifische iPad-Generation mit der neuesten Version der *Procreate*- oder der *Procreate Dreams*-App kompatibel ist.

Um herauszufinden, welches iPad-Modell du besitzt, musst du die Modellnummer bestimmen. Öffne dafür die Einstellungen und wähle den Punkt Allgemein aus. Wähle dort die Option Info. Hier wird dir die Modellnummer angezeigt. Diese kannst du nun auf der Website von Apple vergleichen und dein Modell bestimmen.

Stylus/Pencil

Ich verwende den Apple Pencil der 2. Generation, aber es gibt auch andere Marken auf dem Markt, die ihren Zweck erfüllen – hier kommt es auf persönliche Vorlieben an. Stelle jedoch sicher, dass der von dir gewählte Stylus Druck- und Neigungsempfindlichkeit hat. Das bedeutet, dass er sich wie ein traditioneller Bleistift verhält – durch Neigen der Spitze kannst du natürliche Bleistiftstriche für Schattierungen erzeugen, während mehr Druck die Striche kräftiger macht. Je nach iPad-Modell benötigst du den Apple Pencil der 1. oder der 2. Generation. Prüfe dies am Besten auch auf der offiziellen Website von Apple. Der günstigere USB-C Apple Pencil unterstützt leider keine Neigungsempfindlichkeit und ich würde ihn dir daher nicht empfehlen.

Weitere nützliche Tools

Lass uns noch einen Blick auf ein paar optionale Extras werfen, die dich in deinem Workflow unterstützen können.

Bildschirmschutzfolie: Ich arbeite nicht gerne ohne meine matte Folie auf dem iPad. Sie sorgt dafür, dass sich das Zeichnen wie auf Papier anfühlt. Das Anbringen der Folie ist etwas nervenaufreibend, aber wenn sie drauf ist, fühlt sich das Zeichnen auf dem Tablet an wie auf Papier. Ich greife gerne zur Marke Paperlike. Aber vergleiche am besten online, welche der Folien dir am ehesten zusagt.

iPad-Ständer: Ein iPad-Ständer muss nicht teuer sein – du findest zahlreiche Einsteigermodelle günstig im Internet. Durch das leichte Anheben des iPads sorgt er für einen guten Zeichenwinkel und verhindert, dass du dich zu weit nach vorne beugst, was Rücken- und Nackenverspannungen vermeiden kann.

Zeichenhandschuh: Dieses Hilfsmittel ist im Grunde genommen ein halber Handschuh aus glänzendem, dehnbarem Stoff. Das Tragen eines solchen Handschuhs lässt deine Zeichenhand leicht über die Oberfläche des iPads gleiten und reduziert Fingerabdrücke auf dem Bildschirm.

Procreate Pinsel: Du brauchst dir kein extra Pinselset für *Procreate* zu kaufen, da die App bereits zahlreiche Pinsel integriert hat. Meine Lieblings-Procreate-Pinsel sind: »Monoline« für Outlines, »HB Bleistift« für Skizzen und der »Spritzer«-Pinsel für Strukturen. Sollte dir doch ein bestimmter Pinsel fehlen, findest du online tolle Pinselsets von etablierten Künstlern und Künstlerinnen.

Papier, Stift & Klebezettel: Ich verwende zusätzlich gerne Papier und Stift, um meine Ideen unterwegs schnell festzuhalten. Aus einem Klebezettel-Block lässt außerdem sehr schnell ein Daumenkino basteln.

Handy mit Videokamera: Manchmal ist es hilfreich, Videos von bestimmten Bewegungsabläufen zu machen, damit man die Bewegung besser versteht. Dazu nutze ich meine Handykamera. Wenn du ein iPhone besitzt, kannst du dir die Videos auch schnell per Airdrop auf das iPad übertragen. Bei Android-Handys würde ich externe Cloud-Dienste wie die Dropbox empfehlen, um Dateien vom Handy auf das iPad zu schicken.

1.2 Die App Procreate installieren

Schritt-für-Schritt-Anleitung

So installierst du *Procreate* auf deinem iPad:

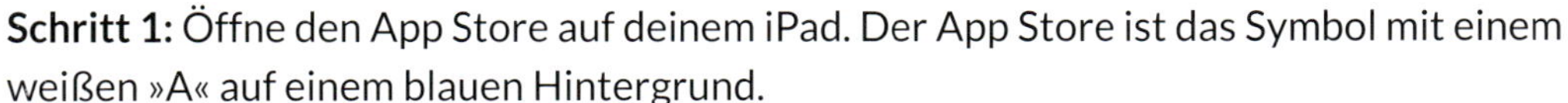

Schritt 1: Öffne den App Store auf deinem iPad. Der App Store ist das Symbol mit einem weißen »A« auf einem blauen Hintergrund.

Schritt 2: Tippe auf das Suchfeld unten rechts im App Store und gib »Procreate« ein.

Schritt 3: Wähle aus den Suchergebnissen die offizielle *Procreate*-App aus. Achte darauf, dass das App-Icon und der Entwicklername korrekt sind, um sicherzustellen, dass es sich um die echte App handelt.

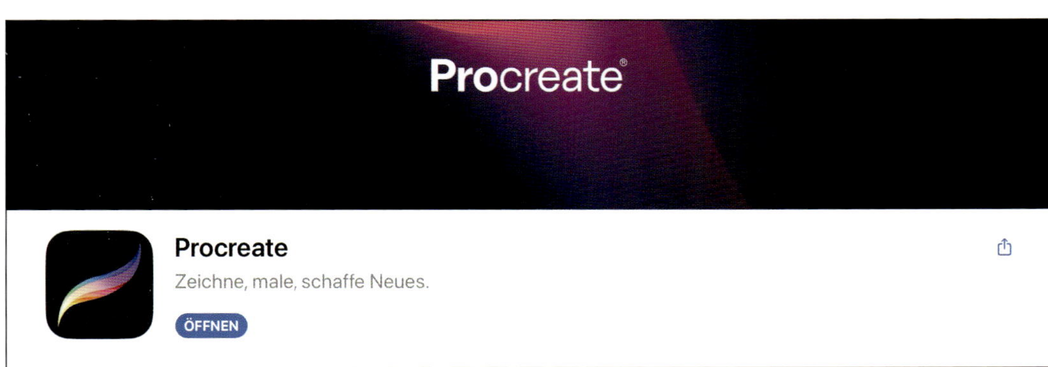

Schritt 4: Tippe auf den Button LADEN, um die App herunterzuladen. Je nach Einstellungen deines Geräts musst du möglicherweise deine Apple-ID und dein Passwort eingeben oder die Touch ID / Face ID verwenden, um den Download zu bestätigen.

Schritt 5: Warte, bis der Download abgeschlossen ist. Das *Procreate*-App-Icon sollte auf deinem Homescreen erscheinen, sobald die Installation abgeschlossen ist.

Schritt 6: Öffne die *Procreate*-App, indem du auf das App-Icon tippst. Die App wird sich öffnen, und du kannst mit dem Zeichnen und Animieren beginnen.

1.3 Die App Procreate Dreams installieren

Schritt-für-Schritt-Anleitung

So installierst du *Procreate Dreams* auf deinem iPad:

Schritt 1: Öffne den App Store auf deinem iPad. Der App Store ist das Symbol mit einem weißen »A« auf einem blauen Hintergrund.

Schritt 2: Tippe auf das Suchfeld oben rechts im App Store und gib »Procreate Dreams« ein.

Schritt 3: Wähle aus den Suchergebnissen die offizielle *Procreate Dreams*-App aus. Achte darauf, dass das App-Icon und der Entwicklername korrekt sind, um sicherzustellen, dass es sich um die echte App handelt.

Schritt 4: Tippe auf den Button LADEN oder das Cloud-Symbol mit dem Pfeil nach unten, um die App herunterzuladen. Je nach Einstellungen deines Geräts musst du möglicherweise deine Apple-ID und dein Passwort eingeben oder die Touch ID / Face ID verwenden, um den Download zu bestätigen.

Schritt 5: Warte, bis der Download abgeschlossen ist. Das *Procreate Dreams*-App-Icon sollte auf deinem iPad Homescreen erscheinen, sobald die Installation abgeschlossen ist.

Schritt 6: Öffne die *Procreate Dreams*-App, indem du auf das App-Icon tippst. Die App wird sich öffnen, und du kannst mit dem Animieren beginnen.

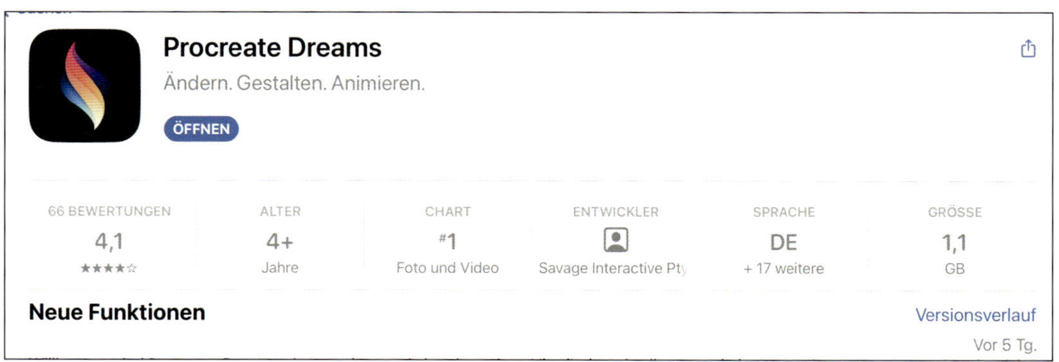

Kapitel 2

Animations-Grundlagen

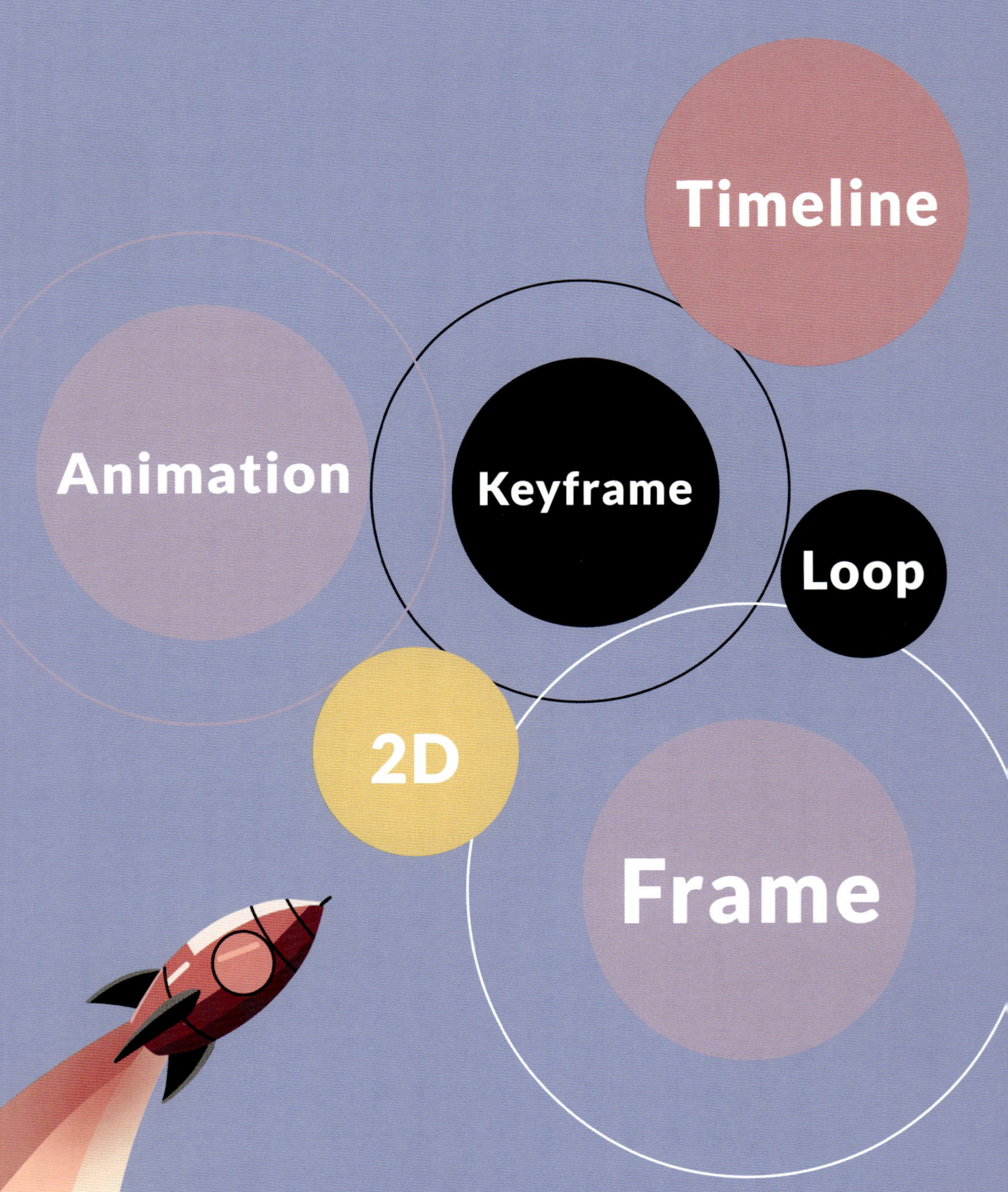

2.1 Über Animation

Fangen wir damit an, was Animation eigentlich ist. Ich habe dazu ein sehr passendes Zitat gefunden:

»Animation is about creating the illusion of life.« – Brad Bird

In der Animation geht es also darum, eine Illusion von Bewegung zu erschaffen.

Die Bewegung entsteht durch eine Reihe von Einzelbildern, die schnell nacheinander abgespielt werden, sodass beim Betrachter der Eindruck von Bewegung entsteht. Unser Gehirn fügt schnell ablaufende Einzelbilder zu einer fortlaufenden Bewegung zusammen.

Ein wunderbares Beispiel dafür sind Flipbooks oder auch auf Deutsch: Daumenkinos. Bei einem Daumenkino malt man Seite für Seite ein Bild immer ein wenig anders. Blättert man das Daumenkino nun schnell durch, entsteht die Illusion von Bewegung. Genauso gehen wir auch bei digitaler bzw. traditioneller Animation vor. Blättere doch einmal dieses Buch durch. Du wirst entdecken, dass die Figur oben rechts beginnt zu laufen.

2.2 Die Geschichte der Animation

Bevor wir uns anschauen, wie man Animationen in *Procreate* und *Procreate Dreams* erstellt, werfen wir noch einen kurzen Blick zurück in die spannende Geschichte der Animation.

Die Wurzeln des Animationsfilms finden sich noch vor der Erfindung des Films und der Erfindung der Fotografie. Um das Jahr 1825 wurden verschiedene Geräte für optische Illusionen erfunden, die mit dem Prinzip, der Bewegung von Einzelbildern spielten.

Das Thaumatrope (1825) zum Beispiel bestand aus einer Papierscheibe mit jeweils verschiedenen Abbildungen auf der Vorder- und auf der Rückseite. An dieser Papierscheibe wurden Schnüre befestigt und durch das Ziehen an den Schnüren und der daraus folgenden Drehung der Papierscheibe verschmolzen beide Bilder miteinander. Häufig wurden auf der einen Seite ein Käfig und auf der anderen Seite ein Vogel abgebildet. Durch die Rotation der Papierscheibe wirkte es dann so, als ob sich der Vogel im Käfig befand.

Das Phenakistiskop (1830) spielte ebenfalls mit bewegten Einzelbildern. Dabei wurden sequenzielle Bilder außen auf einer Scheibe platziert. Die Illusion einer sich wiederholenden Bewegung wurde dann durch die Rotation der Scheibe bei Betrachtung durch Schlitze und mithilfe eines Spiegels erzeugt.

Mit der Erfindung der Filmkamera im Jahre 1888 begann das Zeitalter der Stummfilme.

Den ersten Cartoon der Welt entwickelte Emile Cohl im Jahr 1908. Seinen animierten Kurzfilm »Fantasmagorie« zeichnete er direkt auf Filmstreifen.

Ein paar Jahre später (1915) patentierten die Animatoren Earl Hurd und John Randolph Bray die Cel-Animation. Bei dieser Technik wurden Einzelbilder auf transparente Zelluloid-Folien gezeichnet, auf Hintergründe gelegt und abgefilmt. Für die nächsten siebzig Jahre sollte dieses Verfahren vorherrschend bleiben.

Etwa im Jahr 1923 haben die Brüder Walt und Roy Disney die später weltbekannte Walt Disney Company ins Leben gerufen. Den allerersten großen Erfolg konnte das Studio im Jahr 1928 mit »Steamboat Willy« verzeichnen – einem der ersten vertonten Zeichentrickfilme, in dem die Comicfigur Micky Maus auftauchte.

Schon bald darauf wurden im Hause Disney weitere Charaktere erschaffen, darunter Donald Duck, Goofy und Winnie Puuh. In den darauffolgenden Jahrzehnten brachte das Studio Produktionen heraus, die sich fest in die Filmgeschichte einprägen sollten. Dazu gehören Meisterwerke wie »Schneewittchen und die sieben Zwerge« (1937). Doch auch andere Film- und Fernsehgesellschaften profitierten von der Blütezeit der Animationsfilme, so zum Beispiel ab den 1930er-Jahren Warner Bros. mit der beliebten Trickfilmreihe Looney Tunes, aus der Figuren wie Bugs Bunny und Schweinchen Dick hervorgingen.

Mit dem Übergang ins digitale Zeitalter änderte sich alles. Die Folien-Animationsmethode blieb bis weit in die 1980er-Jahre hinein üblich. Doch mit den raschen Fortschritten in der Computertechnologie wurde der Wechsel zu digitalen Verfahren immer unausweichlicher. Die traditionelle Methode, bei der Filmsequenzen von Hand gezeichnet wurden, war mittlerweile zu aufwendig geworden. Selbst für einen der letzten erfolgreichen Zeichentrickfilme, Disneys »König der Löwen« (1994), waren rund 600 Animatoren und Animatorinnen notwendig – und das trotz zusätzlichem Einsatz von Computeranimationen. Der Film war also bereits eine Mischform.

1908
„Fantasmagorie"
Emile Cohl

1928
„Steamboat Willy"
Walt Disney

1937
„Schneewittchen"
Walt Disney

1994
„König der Löwen"
Walt Disney

1995
„Toy Story"
Pixar

Im Verlauf der 1990er-Jahre stellten immer mehr Filmstudios auf computergestützte Techniken um. Eine der ersten erfolgreichen größeren Produktionen in dieser Richtung war Pixars »Toy Story« (1995). Damit begann das Zeitalter der CGI-Animation, das in den folgenden Jahren eine breite Palette unterschiedlicher Werke hervorbrachte. Der bisher erfolgreichste Animationsfilm ist laut Statista »Die Eiskönigin 2« mit einem Umsatz von 1,45 Milliarden US-Dollar.

Nichtsdestotrotz hatten klassische Animationsstudios wie das japanische Studio Ghibli auch weiterhin großen Erfolg mit ihren handgezeichneten Anime-Filmen wie »Chihiros Reise ins Zauberland«.

Mit dem iPad und Apps wie *Procreate* ist es heute für jedermann möglich, schnell und einfach das Animieren zu lernen. In *Procreate* zeichnen wir auch Frame by Frame, wandeln also auf den Usprüngen der Animation. Nur ohne Leuchttisch.

2.3 Typische Animationsbegriffe

Bevor wir loslegen, möchte ich dir einige gängige Animationsbegriffe erklären, denn als Neuling in der Welt der Animation ist man von der Vielzahl unterschiedlicher Fachbegriffe mitunter schnell überfordert. Die folgende Übersicht soll dir daher etwas mehr Klarheit verschaffen:

Trickfilm

Ein Trickfilm ist eine Form der Animation, bei der einzelne Bilder oder Frames in einer speziellen Reihenfolge abgespielt werden, um die Illusion von Bewegung zu erzeugen. Im Gegensatz zur Live-Action, bei der reale Schauspieler in einer Szene agieren, werden beim Trickfilm gezeichnete, gemalte oder digital erstellte Bilder verwendet, um die Handlung und Charaktere darzustellen. Es gibt verschiedene Arten von Trickfilmen, darunter 2D-Animation, Stop-Motion, Computeranimation (CGI) und andere spezielle Techniken.

2D-Animation

2D-Animation bezieht sich auf die Erstellung von bewegten Bildern in einer zweidimensionalen Umgebung. Es gibt verschiedene Techniken für 2D-Animation, darunter traditionelle Handzeichnungen, digitale Zeichnungen, Vektorgrafiken und animierte Grafiken.

CGI-Animation

CGI steht für Computer Generated Imagery (computergenerierte Bilder) und bezieht sich auf die Erstellung von Bildern, Grafiken oder Animationen mithilfe von Computer-Software und digitaler Technologie. In der CGI-Animation werden Modelle digital entworfen und virtuelle Umgebungen geschaffen. Diese Modelle können dann manipuliert, bewegt und animiert werden, um komplexe Bewegungen, Interaktionen und Szenen zu erzeugen. Es gibt verschiedene Softwareprogramme, die speziell für die Erstellung von CGI-Animationen entwickelt wurden, wie beispielsweise *Autodesk Maya*, *Blender*, *Cinema 4D* und viele mehr.

Stop-Motion

Bei Stop-Motion wird eine physische Figur oder ein Objekt in einzelnen Schritten bewegt und fotografiert. Die Abfolge der Bilder wird dann verwendet, um den Eindruck von Bewegung zu erzeugen.

Folienanimation/Cel-Animation

Bei der Folienanimations-Methode werden Einzelbilder komplett von Hand auf transparente Folien aus Zelluloid (Cels) gezeichnet, über gemalten Hintergründe platziert und abfotografiert.

Frame by Frame

In der Frame-by-Frame-Animation wird jedes Bild individuell gezeichnet, gemalt oder erstellt, um eine fließende Sequenz von Bewegungen zu erzeugen. Diese Methode erfordert viel Zeit, da jede Szene oder Bewegung sorgfältig geplant und jedes einzelne Bild manuell erstellt werden muss. Die Frames werden dann in einer bestimmten Reihenfolge abgespielt, um die Illusion von Bewegung zu erzeugen. In *Procreate* arbeiten wir Frame by Frame.

Frame

Ein Frame ist ein Einzelbild einer Animation.

Framerate

Die Geschwindigkeit, mit der die einzelnen Bilder (Frames) abgespielt werden. Sie wird üblicherweise in **Frames pro Sekunde / Bilder pro Sekunde** (»fps«) angegeben. Eine Framerate von 24 fps etwa bedeutet demnach, dass jede Sekunde einer Animation aus 24 Bildern oder Frames besteht.

Timeline

Der Ort, an dem du deine Animation steuerst.

Zwiebelschicht

Eine Funktion, die dir ermöglicht, den vorherigen und den darauffolgenden Frame leicht durchscheinen zu sehen.

Keyframe/Schlüsselbild

Ein einzelnes Bild, das den Start- bzw. Endpunkt einer Bewegung definiert.

Inbetweens

Die Bilder, die sich zwischen den Keyframes befinden.

Pose-to-Pose-Technik

Auch Schlüsselbildanimation genannt. Dort werden die Schlüsselbilder (Keyframes) zuerst gezeichnet. Ganz oft sind diese der Anfang und das Ende einer Bewegung. Sobald die Schlüsselbilder fertig sind, werden die Bilder dazwischen (Inbetweens) erstellt, um den Rest der Animation zu füllen.

Straight-Ahead-Technik

Animationstechnik, bei der Animatoren und Animatorinnen nicht nur die Keyframes, sondern alle Einzelbilder eines Bewegungsablaufs in sequenzieller Reihenfolge zeichnen.

Morphing

Animationstechnik, bei der ein Bild allmählich in ein anderes übergeht.

Storyboard

Eine Visualisierung des Konzepts oder des Drehbuchs. Sie dient dem Planen der einzelnen Aufnahmen vor der eigentlichen Produktion. Ein animiertes Storyboard wird als »Animatic« bezeichnet.

Loop

In der Animation bezieht sich ein »Loop« auf eine kurze Sequenz, die so gestaltet ist, dass sie unendlich wiederholt werden kann, ohne dass ein sichtbarer Anfang oder ein Ende erkennbar ist.

Ease-in und Ease-out

Bei Ease-in startet die Animation langsam und endet dann bei voller Geschwindigkeit. Bei Ease-out startet die Animation bei voller Geschwindigkeit und endet langsam. Bei Ease-in-out startet die Animation langsam, wird in der Mitte am schnellsten und endet wieder langsam.

2.4 Aufwärmübung – Daumenkino

Okay, das war trocken. Zeit, ein wenig kreativ zu werden. Schnapp dir einen Klebezettelblock sowie einen Stift und erstelle ein eigenes Daumenkino.

Die Erstellung eines Daumenkinos erfordert ein wenig Zeit und Geduld, aber es ist eine unterhaltsame Möglichkeit, um eine kurze Animation zum Leben zu erwecken.

Überlege dir zunächst eine kurze, aber zusammenhängende Sequenz von Bildern oder Animationen, die sich gut für ein Daumenkino eignen. Es kann eine sich bewegende Figur, ein springender Ball oder eine wachsende Blume sein.

Zeichne dann eine Serie von Bildern, die deine Geschichte oder Bewegungssequenz darstellen. Je fließender die Übergänge zwischen den Bildern sind, desto besser funktioniert das Daumenkino. Versuche, ein dünnes Papier für das Daumenkino zu verwenden, damit du den vorherigen Frame durchscheinen siehst.

Wenn du fertig bist, halte die Seiten mit deinem Daumen fest und blättere schnell durch, um die Animation zu sehen.

Kapitel 3

Erste Schritte in Procreate

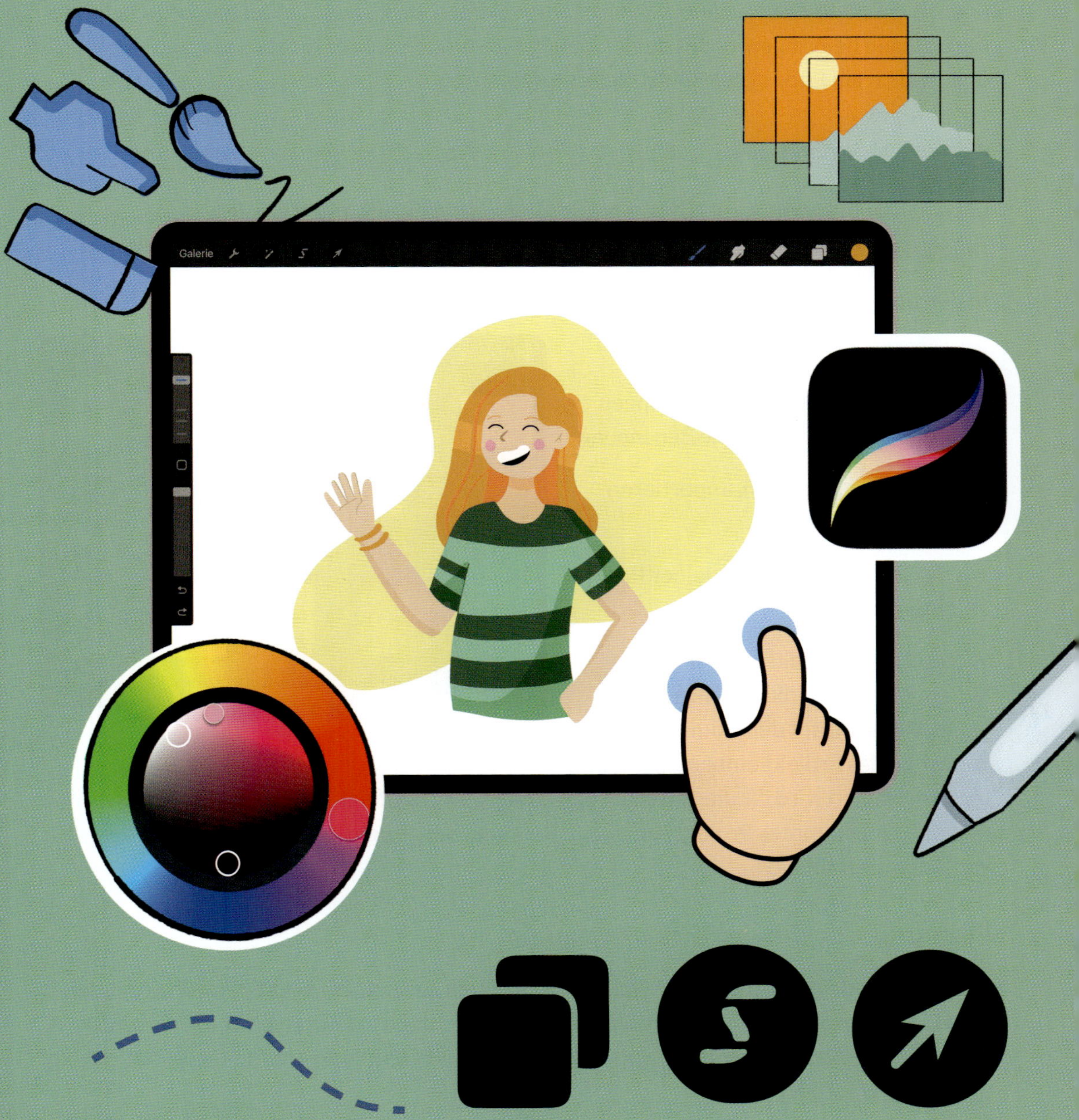

Mit der iPad-App *Procreate* kannst du zeichnen und animieren. Egal, wo du dich gerade befindest – du hast deine Leinwand immer in der Tasche und kannst unterwegs großartige Kunstwerke erstellen. Procreate bietet eine intuitive Benutzeroberfläche und einfache Werkzeuge, die leicht zu erlernen sind, selbst für Neulinge in der Animation.

Ich vergleiche *Procreate* lernen gerne mit Fahrradfahren lernen. Wenn du es einmal kannst, musst du über nichts mehr nachdenken, sondern fährst einfach los. Doch bevor du dort bist, musst du dein Fahrrad kennenlernen, das Losfahren, das Gleichgewicht halten und Bremsen üben. Durch dieses kontinuierliche Üben und Dranbleiben musst du irgendwann nicht mehr nachdenken, sondern fährst einfach. In diesem Kapitel möchte ich dir die Grundlagen beibringen, damit deiner wilden Fahrt mit *Procreate* nichts mehr im Wege steht und du dich am Ende sicher fühlst, selbst loszufahren.

3.1 Die Galerie – Dein virtueller Ausstellungsort

Wenn du *Procreate* öffnest, landest du in der Galerie. Hier sind all deine Illustrationen und Animationen gespeichert. Die Galerie ist der virtuelle Ausstellungsort all deiner Werke.

In der Galerie kannst du:

- eine neue Leinwand erstellen
- Ordnung in deine Projekte bringen durch Stapel und sinnvolle Benennung
- Projekte exportieren, importieren und löschen
- eine schnelle Vorschau deiner Projekte erstellen

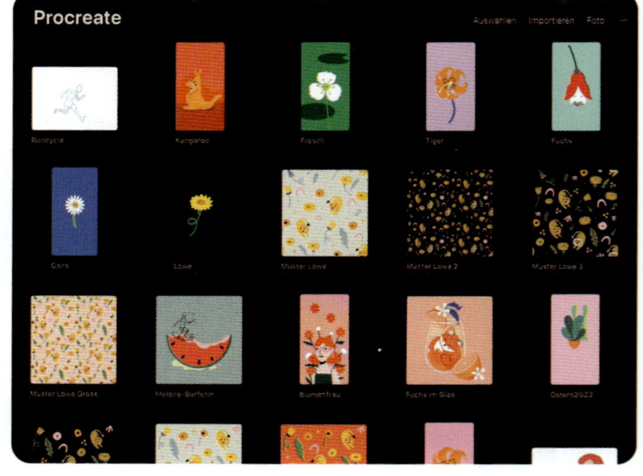

Wenn du auf das Bild eines Projekts klickst, öffnet sich die jeweilige Leinwand. Wenn du auf den Namen klickst, kannst du das Projekt umbenennen. Unter dem Namen wird dir die aktuelle Leinwandgröße angezeigt. Ein neues Projekt wird immer als »Unbenanntes Projekt« angelegt. Benenne daher deine Projekte am besten gleich von Anfang an sinnvoll.

Ordnung schaffen mit Projektstapeln

Möchtest du deine Werke in der Galerie zu Gruppen zusammenfassen, kannst du mit deinem Finger länger auf ein Projektbild drücken und es dann auf ein zweites Werk ziehen. Diese Geste nennt sich Drag & Drop – also Halten und Ziehen. So entsteht automatisch ein neuer **Projektstapel.**

DAS DOKUMENT

DRAG & DROP

STAPEL

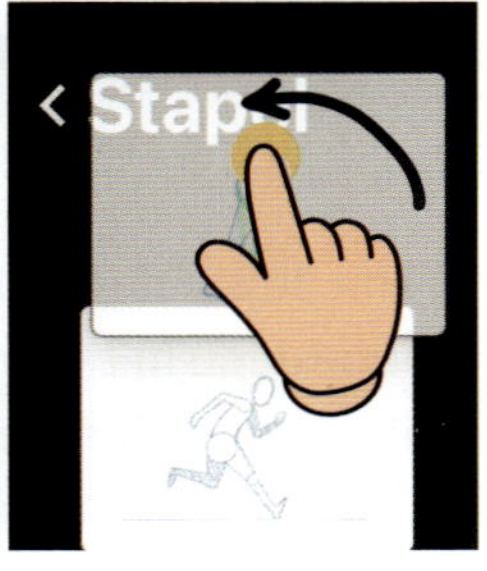

HERAUSLÖSEN

Den Stapel kannst du in der Galerie ebenfalls umbenennen, indem du auf das Wort STAPEL klickst. Aus dem Stapel lösen geht am besten, wenn du im Stapel auf das Projektbild klickst und es dann auf den großen Schriftzug STAPEL und Pfeil nach links ziehst. Das erste Projekt im Stapel wird das Vorschaubild des Stapels.

Projekte teilen, duplizieren und löschen

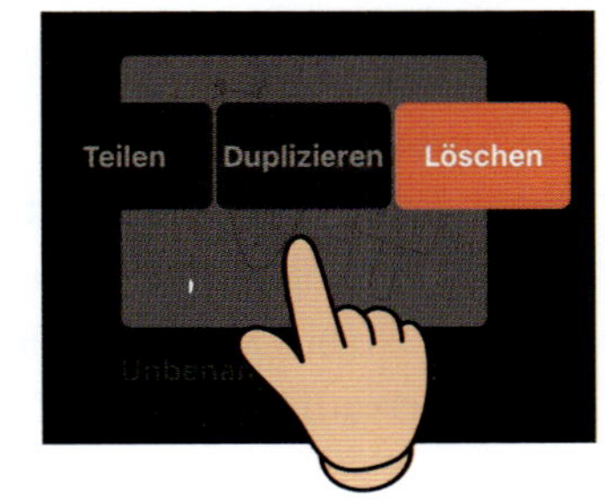

Wische auf einem Projekt nach links, um es auf schnellem Weg zu teilen, zu duplizieren und zu löschen. Aber Achtung: Wenn du ein Projekt aus der Galerie löschst, ist es für immer weg.

Vorschau erstellen mit der Zoom-Geste

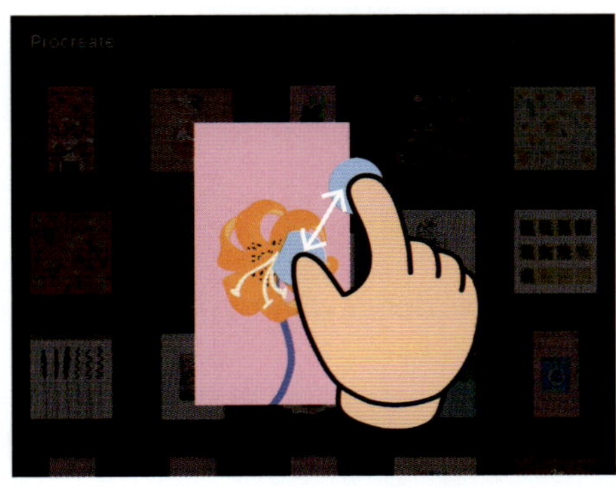

Wenn du deine Animationen schnell aus der Galerie heraus zeigen möchtest, kannst du mit zwei Fingern auf dem Projekt schnell nach außen wischen.

Damit zoomst du in das Projekt. Ist dein Projekt als Animation angelegt, erscheint nach kurzer Wartezeit die Animation. Zurück kommst du, indem du die zwei Finger wieder zusammenziehst (Pinch).

Das Galerie-Menü

Im Galerie-Menü kannst du gleich mehrere Projekte auswählen, Projekte und Videos importieren sowie ein Foto öffnen und bearbeiten.

Außerdem erstellst du dort über das + Symbol eine neue Leinwand.

3.2 Eine neue Leinwand erstellen

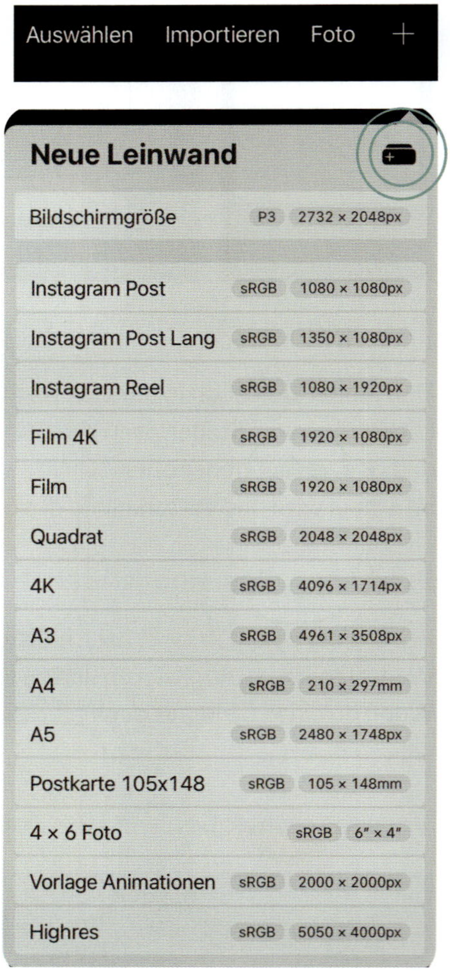

Wenn du auf das + klickst, öffnet sich ein Drop-down-Menü mit voreingestellten Leinwandgrößen. Ich verwende für meine Animationen, die ich auf Instagram teile, am liebsten **1080x1080 px**, oder **1920x1080 px** bei 150 dpi. Die Standard-Screen-Größe für Videos ist **1920x1080 px**. Richte dir am besten für dich passende Größen auf dem iPad ein.

Eigene Leinwandgröße

Eine eigene Leinwandgröße stellst du ein, indem du auf das Koffersymbol mit dem Plus klickst.

Die Abmessung
Unter Abmessungen kannst du die Breite und die Höhe der Leinwand bestimmen. Voreingestellt sind hier Pixel. Du kannst die Maßeinheit allerdings auch auf Millimeter, Zentimeter oder Zoll umstellen.

Unterhalb der Pixelangabe stellst du die DPI-Zahl ein. Die DPI-Zahl bestimmt die Auflösung deines Dokuments. Generell reicht es für Web-Darstellungen aus, mit 72 dpi zu arbeiten. Möchtest du etwas drucken lassen, benötigst du 300 dpi. Ich verwende für meine Animationen und Illustrationen meistens 150 dpi.

Die Maximale Ebenenanzahl zeigt dir an, wie viele Ebenen dir bei der gewählten Größe zur Verfügung stehen.

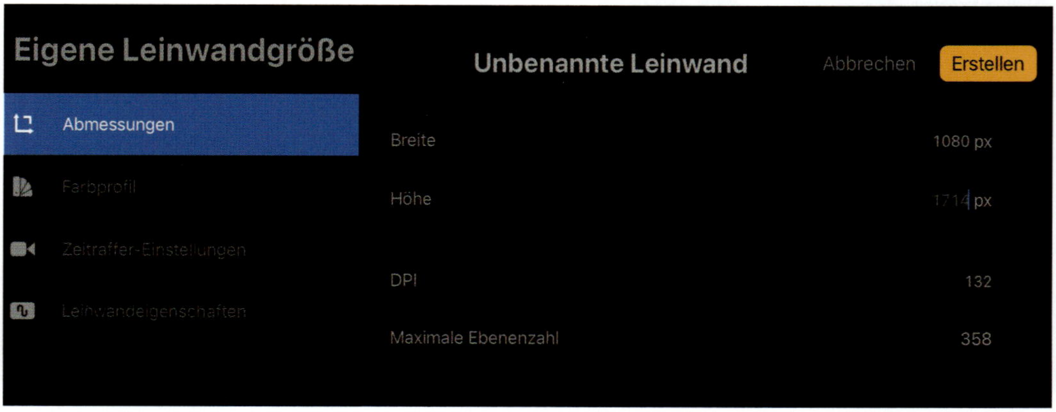

Vorsicht

Wenn du mit einer sehr großen Leinwandgröße und hoher DPI-Zahl arbeitest, verringert sich auch deine Ebenenanzahl. Das kann beim Animieren mit *Procreate* schwierig werden, da du oft mit vielen Ebenen arbeiten wirst. Prüfe bei großen Animationsprojekten am besten vorab, wieviele Ebenen dir zur Verfügung stehen werden.

Das Farbprofil

Du kannst in *Procreate* zwischen RGB und CMYK wechseln. Diese Einstellung solltest du immer vorab machen, da man sie im Nachhinein nicht mehr ändern kann. In der Animation arbeitest du grundsätzlich mit dem Farbraum RGB. CMYK benötigst du beim Druck.

Die Zeitraffer-Einstellungen

Procreate filmt den Zeichenprozess mit und du kannst dir im Nachhinein genau anschauen, wie dein Werk entstanden ist. In den Zeitraffer-Einstellungen stellst du ein, mit welcher Auflösung dein Zeitraffer-Film gespeichert werden soll. Du kannst zwischen 1080p, 2K oder 4K wählen. Ich wähle hier immer die 4K bei hoher Qualität und verringere lieber später die Größe. Bitte beachte: Diese Einstellung kannst du im Nachhinein nicht mehr ändern.

Die Leinwandeigenschaften

Hier bestimmst du die Hintergrundfarbe deiner Leinwand. Du kannst hier auch transparent wählen.

3.3 Kennenlernen des Arbeitsbereichs

Die weiße Leinwand

Wenn du ein neues Dokument erstellt hast, sitzt du erst einmal vor einer weißen Leinwand, einem leeren Blatt mit mächtigen Tools drumherum. Du wirst bald merken, dass *Procreate* auf unterschiedliche Handgesten setzt und das Menü insgesamt sehr schlank hält.

Das Erste, was ich bei einer neuen Leinwand mache: Ich schnappe mir einen der voreingestellten Pinsel, stelle eine Farbe ein und kritzle drauflos. Probiere es doch gleich mal mit aus. Pinsel und Farbe erkennst du auf den ersten Blick und findest du im Menü auf der rechten Seite. Dort sind auch der der Wischfinger, der Radiergummi, die Ebenen und die Farben. Oben rechts sind also all deine praktischen Werkzeuge, die du fürs Zeichnen und Animieren brauchst.

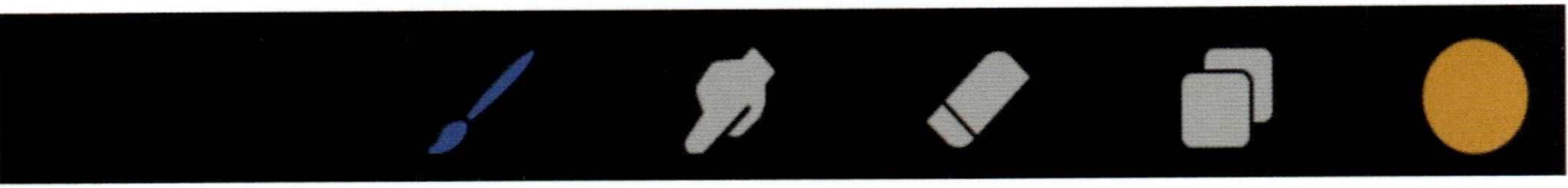

Im Menü oben links erwarten dich die Einstellungen, Anpassungen, das Transformieren- und das Auswahlwerkzeug. Diese Tools helfen dir dabei, schnell und effizient zu arbeiten und deine Leinwand an deine Arbeitsweise anzupassen.

Der schwarze Schwebebalken mittig auf der linken Seite dient dir dazu, die Pinselgrößen und die Deckkraft einzustellen. Hier kannst du auch unterschiedliche Pinselgrößen abspeichern.

Über die kleinen Pfeile unten im Steuerungsbalken springst du einen Schritt zurück oder vor.

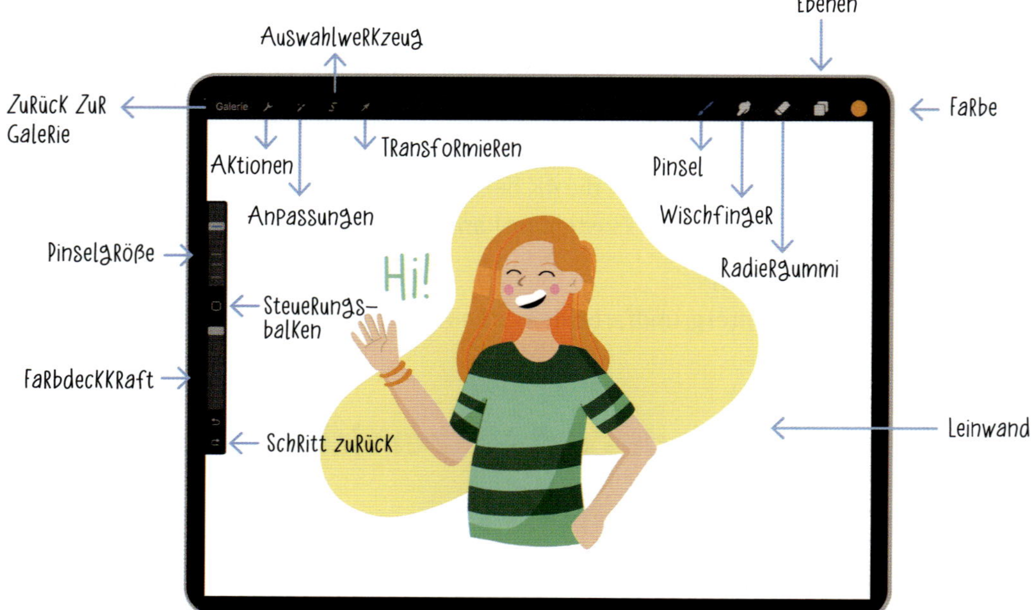

Das Aktionen-Menü

Lass uns mit dem Aktionen-Menü starten, das du unter dem Schraubenschlüssel findest. Klickst du auf den Schraubenschlüssel, öffnet sich ein Dropdown-Menü. Zu jedem Menüpunkt verrate ich dir, was ich am häufigsten verwende und wofür.

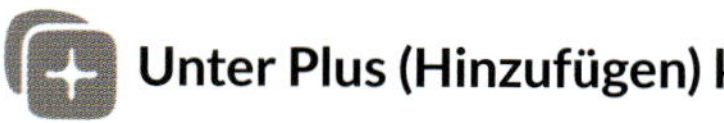

Unter Plus (Hinzufügen) kannst du:

- Dateien und Fotos hinzufügen
- Texte hinzufügen
- Ausschneiden, Inhalte einer Ebene kopieren, die Leinwand kopieren und einfügen

Ich nutze dieses Menü hauptsächlich, wenn ich ein Foto einfügen will, um es als Referenz zu nehmen und um Texte zu meinen Animationen hinzuzufügen. Außerdem kannst du hier alles auf einer Ebene ausschneiden, kopieren und einfügen. Du kannst hier sogar mit nur einem Klick die komplette Leinwand kopieren.

Unter Leinwand kannst du:

- die Leinwand beschneiden und die Größe ändern
- den Animationsassistenten anschalten (siehe Kapitel 4)
- einen Seitenassistenten verwenden, um mehrseitige Dokumente zu erstellen
- die Zeichenhilfe einschalten, um Hilfslinien zu bekommen und die Zeichenhilfe bearbeiten
- ein Referenzbild einfügen
- die Leinwand horizontal oder vertikal spiegeln
- und eine Übersicht über deine Leinwanddaten bekommen

Die Leinwandeinstellungen sind für Animationen sehr wichtig, da sich dort der **Animationsassistent** befindet. Du kannst hier die Zeichenfläche im Nachhinein ändern. Die Hilfslinien helfen dir dabei, gerade zu arbeiten und symmetrische Spielereien auszuprobieren.

 **Unter Teilen findest du:**

- das Abspeichern in unterschiedlichen Bildformaten
- das Abspeichern in unterschiedlichen Video-Formaten

Die Formate, die ich meistens verwende, sind PNG, JPG, das animierte GIF oder die animierte MP4-Datei.

Abspeichern als Bildformat

PNGs: Bieten eine hohe Qualität und die Möglichkeit, einen transparenten Hintergrund abzuspeichern.

JPEG: Ist das am weitesten verbreitete Bildformat. JPGs haben das beste Verhältnis von Qualität zu Dateigröße.

TIFF: Ist ein vielseitiges Rasterbildformat mit der höchsten Qualität für den Druck.

PDF: Druckdaten werden meist im PDF-Format geliefert.

Abspeichern als Ebenenformat

Das Procreate-Format nutze ich, um meine Werke in der Cloud zu sichern. Es ist platzsparend und enthält immer alle Ebenen.

Das Photoshop-Format PSD sichert die Datei inklusive Ebenen und ist kompatibel mit dem Programm *Adobe Photoshop*.

Abspeichern als Animationsformat

Wie du Animationen am besten abspeicherst, verrate ich dir noch ganz ausführlich im Abschnitt 4.2. Diese Animationsformate findest du in *Procreate*:

Das animierte GIF verwende ich, wenn ich einen GIF-Sticker mit transparentem Hintergrund teilen möchte.

Das MP4-Format ist ein gängiges Videoformat und wird auch von den meisten Social-Media-Plattformen unterstützt. Wenn du deine Werke auf Instagram teilen möchtest, solltest du das MP4-Format verwenden.

HEVC: High Efficiency Video Coding (HEVC), auch bekannt als H.265 und MPEG-H Teil 2, ist ein Standard zum Kodieren von Videoinhalten und Bildern. Es kann im Gegensatz zum MP4-Format Transparenzen speichern.

Wenn du ein Dokument mit vielen Ebenen hast, kannst du diese einzeln abspeichern. Diese Funktion findest du unter EBENEN TEILEN. Wähle dort zum Beispiel PNG-Dateien aus. Damit werden gleich mehrere Ebenen exportiert und du sparst dir eine Menge Zeit, wenn du mit mehreren Ebenen in anderen Programmen weiterarbeiten möchtest.

Welches Format solltest du also wann nutzen?

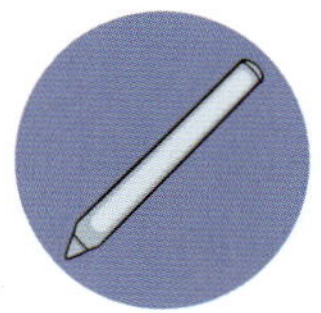

In den meisten Fällen ist es am besten, Bilder als PNGs und Videos als MP4 abzuspeichern. In Kapitel 11 (GIF-Sticker), erkläre ich dir die besten Einstellungen für das GIF-Format noch genauer.

Unter Video findest du:

die Zeitraffer-Wiedergabe. Damit kannst du dir jederzeit den kompletten Zeichenprozess anschauen. Klickst du auf Zeitraffer-Video exportieren, kannst du dein Video abspeichern.

Unter Einstellungen kannst du:

- eine helle Oberfläche auswählen
- die Werkzeuge so umstellen, dass man als Linkshänder gut damit arbeiten kann
- die dynamische Pinselskalierung ein und ausschalten
- die Leinwand drehen/projizieren
- den Pinselcursor anzeigen lassen
- die Gestensteuerung bearbeiten
- und die Symbolleiste für die Deckkraft und die Pinselgröße verschwinden lassen.

Unter Hilfe findest du:

Zugang zum Support sowie erweiterte Einstellungen und vieles mehr.

Die Anpassungen

Dieser Menüpunkt ist für Animationen und damit für dieses Buch weniger relevant, deswegen werde ich nur kurz auf die einzelnen Funktionen eingehen.

- Unter dem Anpassungswerkzeug findest du Möglichkeiten, um deine Werke durch verschiedene Effekte zu manipulieren.
- Du kannst hier Farbeffekte anwenden und bekommst unterschiedliche Möglichkeiten, mit Unschärfen zu arbeiten.
- Außerdem kannst du Rauschen und Störungen einstellen, um dein Werk künstlerisch zu verfremden.
- Verflüssigen hilft dir dabei, Dinge zu verformen.

3.4 Transformieren, Auswählen und die Ebenen

Das Transformieren- und das Auswahlwerkzeug in *Procreate* ermöglichen es dir, Objekte, Ebenen und Auswahlbereiche auf deiner Leinwand zu skalieren, zu drehen, zu verschieben oder zu spiegeln. Diese Funktion wirst du sehr häufig beim Animieren brauchen.

Objekte transformieren und verschieben

Springe auf die Ebene, die du verschieben oder skalieren möchtest, und tippe auf das Werkzeug mit dem Pfeil. Mit dem Pfeil kannst du folgende Dinge tun:

Verschieben: Wenn du das Objekt verschieben möchtest, dann bewege deinen Apple Pencil außerhalb oder innerhalb der gestrichelten Box.

Rotation: Tippe auf den grünen Kreis und ziehe ihn, um ein Objekt zu rotieren.

Transformieren: Ziehe an den blauen Punkten, um dein Objekt zu vergrößern, zu verkleinern oder um es zusammenzustauchen.

Objektbox ändern: Tippe und ziehe an dem gelben Quadrat, um die Box um das Objekt herum zu verändern.

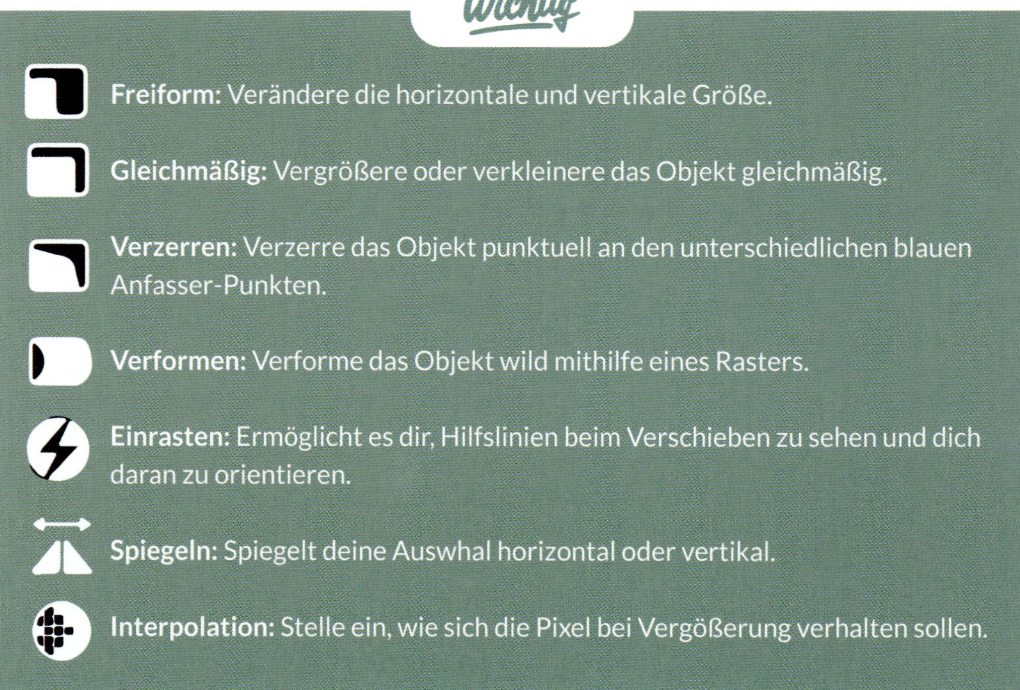

Wichtig

Freiform: Verändere die horizontale und vertikale Größe.

Gleichmäßig: Vergrößere oder verkleinere das Objekt gleichmäßig.

Verzerren: Verzerre das Objekt punktuell an den unterschiedlichen blauen Anfasser-Punkten.

Verformen: Verforme das Objekt wild mithilfe eines Rasters.

Einrasten: Ermöglicht es dir, Hilfslinien beim Verschieben zu sehen und dich daran zu orientieren.

Spiegeln: Spiegelt deine Auswhal horizontal oder vertikal.

Interpolation: Stelle ein, wie sich die Pixel bei Vergößerung verhalten sollen.

Objekte auswählen

Mit dem Auswahlwerkzeug kannst du Teile deiner Illustrationen ausschneiden und diese dann verändern.

So geht's: Springe auf die Ebene, die du auswählen möchtest, und klicke auf das S-förmige Werkzeug. Jetzt kannst du mit deinem Apple Pencil eine Auswahl um ein Objekt ziehen, wenn du FREIHAND im Menü ausgewählt hast. Sobald die Auswahl geschlossen ist und du auf den grauen Kreis tippst, erscheint eine Auswahl-Maske.

Du kannst deine Auswahl bearbeiten, indem du die unterschiedlichen Optionen der Auswahl-Toolbar unten mittig nutzt:

- die Auswahl kopieren und einfügen
- eine weiche Auswahlkante erstellen
- die Auswahl umkehren
- die Auswahl sichern und laden
- die Auswahl mit Farbe füllen

Das Ebenen-Menü

Anders als bei analoger Illustration hast du in *Procreate* die Möglichkeit, mit mehreren Ebenen zu arbeiten und deine Illustrationen stückweise aufzubauen.

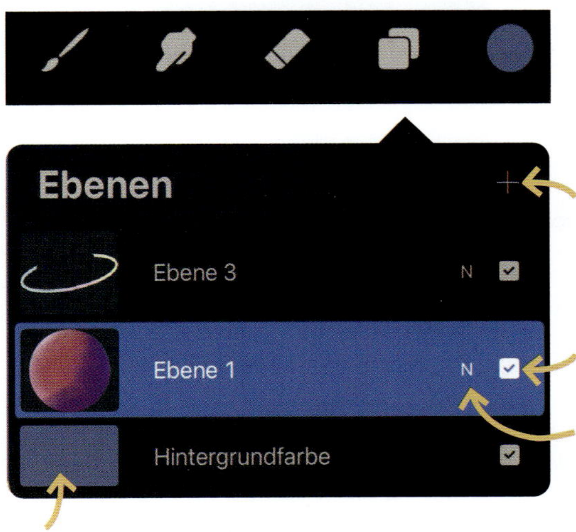

Wenn du auf das EBENEN-Zeichen klickst, kannst du über das Plus-Zeichen neue Ebenen erstellen.

Du kannst Ebenen mithilfe der Pfeile sichtbar oder unsichtbar machen.

Außerdem kannst du die Deckkraft und den Mischmodus einer Ebene anpassen, indem du auf das kleine »N« tippst.

Durch Tippen auf HINTERGRUNDFARBE änderst du den Hintergrund.

3.5 Die Pinselsammlung

Procreate bietet eine große Auswahl an integrierten Pinseln, mit denen du sofort starten kannst. Außerdem kannst du eigene Pinsel erstellen, vorhandene Pinsel kopieren und modifizieren, andere Pinsel importieren und Pinsel in neuen Sets zusammenfügen.

Pinsel-Auswahl

Jeder Pinsel hat einzigartige Eigenschaften, die sich auf Linienstärke, Textur, Opazität und Farbverlauf auswirken. Die Pinsel sind in unterschiedlichen Sets angeordnet. Klicke auf den Pinsel, um einen Pinsel auszuwählen.

Pinsel-Eigenschaften einstellen im Pinselstudio

Du kannst die Eigenschaften eines Pinsels anpassen, indem du auf den jeweiligen Pinsel tippst. Es öffnet sich anschließend das Pinselstudio. Dort kannst du Pinsel bearbeiten oder neue Pinsel erstellen.

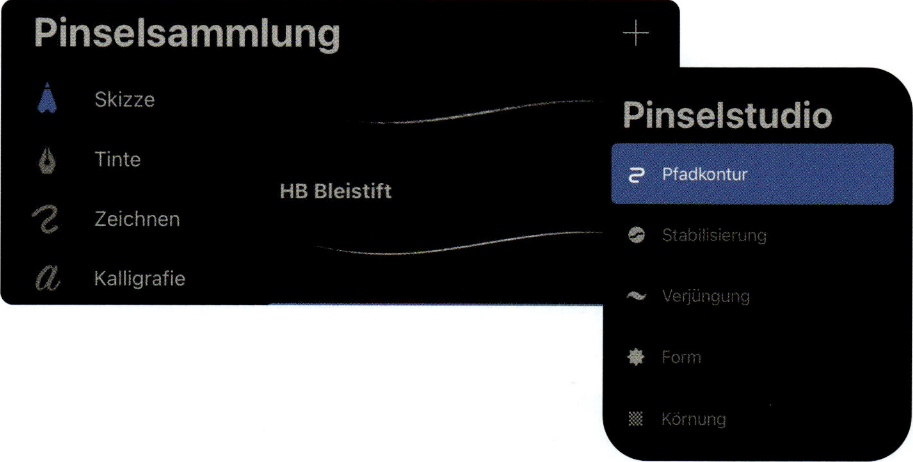

Welcher Pinsel wofür?

Je nach Anwendung brauchst du unterschiedliche Pinsel. Folgende Pinsel verwende ich gerne:

Pinsel für Skizzen:
HB Bleistift, 6B Stift, Narinder Stift, Procreate Pencil, Peppermint aus dem **Skizze-Set**.

Pinsel zum Ausmalen und Füllen:
Monoline und Schrift aus dem **Kalligrafie-Set**. Künstlertusche, Inka & Getrocknete Tinte aus dem **Tinte-Set**. Black Burn, Evolve und Oberon aus dem **Zeichnen-Set**.

Pinsel für Struktur:
Wachsmalkreide aus dem Skizze-Set, Zerrieben unter Texturen, 6B Graphitstäbchen und Holzkohle aus dem Kohle-Set, Spritzer unter Sprühen, Betonboden bei Industrial, Feine Haut unter Materialien.

Außerdem gibt es noch zahlreiche Effektpinsel zum Ausprobieren. Wasser, Gras, Haar ... all das kannst du einfach mit digitalen Pinseln recht schnell und einfach zeichnen.

Teste am besten gleich deine Lieblingspinsel und sichere sie dir in den Favoriten.

Du kannst über das + unter Pinselsammlung eine eigene Sammlung mit deinen ganz persönlichen Lieblingspinseln anlegen. Kopiere dir die Pinsel und ziehe sie per Drag & Drop in deine neue Sammlung.

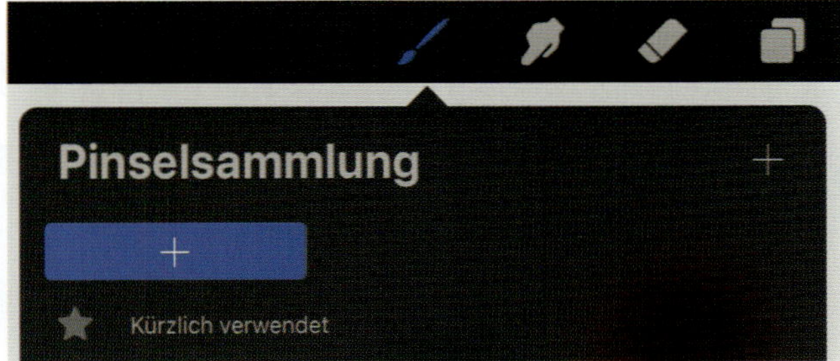

Der Wischfinger

Er greift ebenfalls auf die Pinsel zu. Damit kannst du Farben auf deiner Zeichenfläche verblenden.

Der Radiergummi

Mit dem Radiergummi löschst du Dinge auf deiner Zeichenfläche wieder weg. Auch hier kannst du unterschiedliche Pinsel zum Radieren einstellen.

3.6 Mit Farben arbeiten

Farbsättigung

Farbt

Dein *Procreate*-Farbkasten enthält alle Farben, die du dir vorstellen kannst. Klickst du auf das Kreissymbol ganz rechts, erscheint der Farbkreis mit unterschiedlichen Einstellungsmöglichkeiten.

Im äußeren Ring stellst du den Farbton ein, im inneren Ring die Farbsättigung und die Farbhelligkeit.

Die Verlauf-Reihe unter dem Farbkreis zeigt dir die Farben an, die du zuletzt verwendet hast.

Unterhalb dieser Leiste findest du eine Farbpalette, in der du Farben abspeichern kannst. Wähle dafür eine Farbe aus und tippe auf eine leere Kachel. Diese Farbe ist nun gespeichert.

Oberhalb des Farbkreises kannst du 2 Farben einstellen, zwischen denen du wechseln kannst, indem du lange auf den Farbkreis klickst.

Du hast außerdem verschiedene Ansichten für das Farbmenü. Unter Klassisch wechselst du zur gewöhnlichen Farbdarstellung, die so ähnlich auch in Adobe Photoshop zu finden ist.

Unter Harmonie kannst du Farbharmonien einstellen (Komplementär, Komplementär teilen, Analog, Triadisch und Tetradisch).

Bei Wert stellst du einen exakten Farbton ein und bei Paletten kannst du die Farbpaletten wechseln oder eine komplett Neue erstellen. Unter dem Plus kannst du sogar eine Farbpalette aus einem Foto generieren.

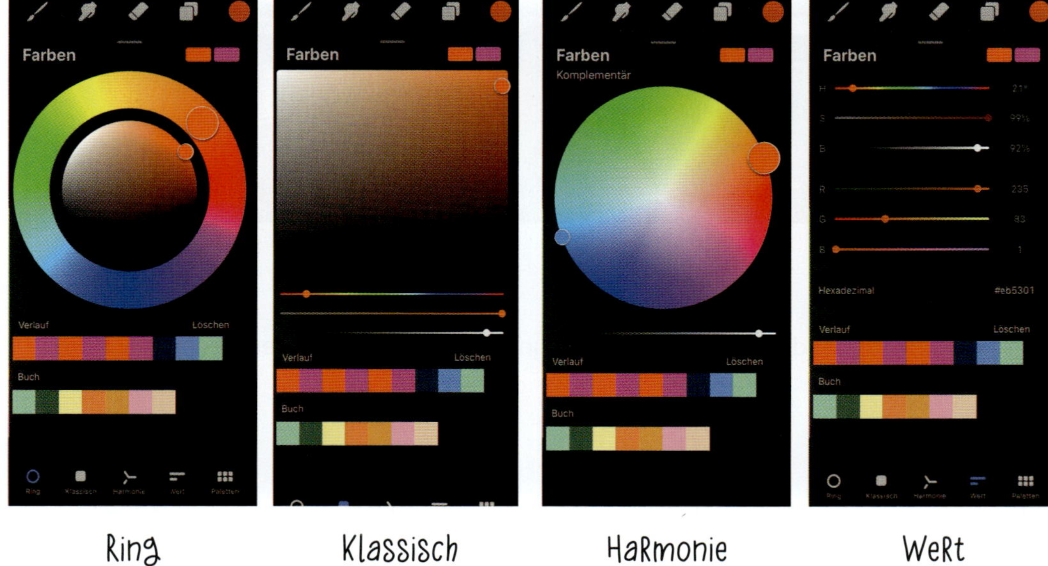

3.7 Clipping-Masken und die Alphasperre

Mithilfe von Clipping-Masken und der Alphasperre schattierst du ein Objekt, ohne über das Objekt hinauszumalen. Dafür gibt es zwei einfache Methoden, die dir dabei helfen, deinen Workflow zu verbessern. Male einen einfachen Kreis auf eine neue Ebene. Nutze dafür am besten den Monoline-Pinsel.

Die Quickshape-Funktion

Kreise malen fällt dir schwer? Kein Problem. *Procreate* hilft dir dabei, Kreise, Rechtecke, Ellipsen und Kurven symmetrisch zu zeichnen. Zeichne dafür eine Form und halte am Ende der Form den Apple Pencil gedrückt. Du bekommst nun oben an der Zeichenfläche die Möglichkeit angezeigt, die Form in ein Oval oder einen Kreis zu verwandeln. Das funktioniert genauso gut bei Linien. Tippst du auf die Fläche, wird die Linie horizontal ausgerichtet.

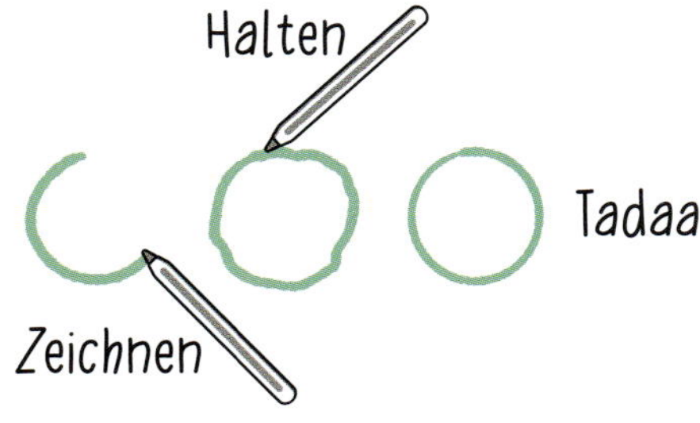

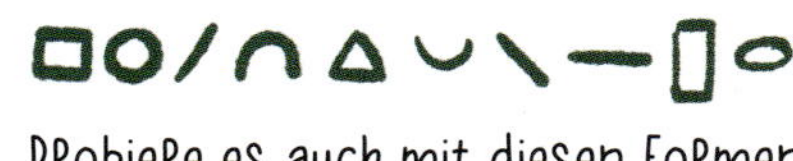

Probiere es auch mit diesen Formen

Formen mit Farben füllen (Color Drop)

Springe auf die Ebene, auf der du deinen Kreis gemalt hast, und fülle diese Ebene mit Farbe. Dafür gehst du mit deinem Apple Pencil auf den Farbkreis oben rechts und ziehst die Farbe in deine Form. Manchmal entstehen hier unschöne Ränder. Dies kannst du einfach beheben, indem du den Apple Pencil beim Füllen gedrückt hältst und nach rechts oder links wischst, um den Füllgrad anzupassen.

Alphasperre

Aktiviere die Alphasperre, indem du auf die Ebene tippst und Alphasperre auswählst. Du kannst auch mit zwei Fingern auf deiner Kachel wischen, um die Alphasperre zu aktivieren. Du erkennst die Alphasperre daran, dass deine Ebenenkachel hinter dem Objekt nun ein Schachbrettmuster enthält. Wähle nun eine andere Farbe und einen Strukturpinsel (siehe Abschnitt 3.5) aus. Nun kannst du innerhalb des Kreises malen, ohne über den Rand hinauszukommen.

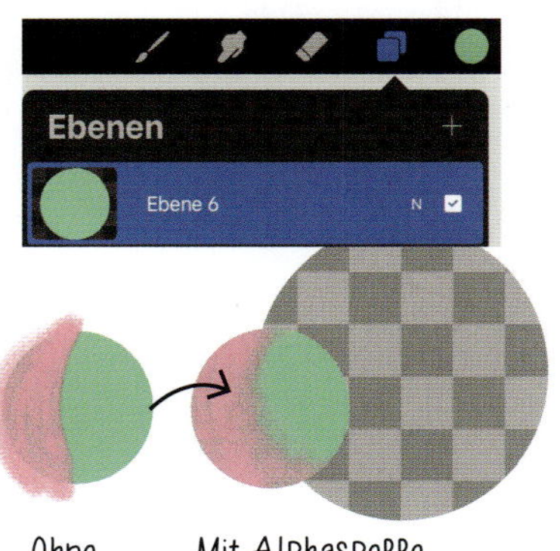

Ohne Mit Alphasperre

Clipping-Maske

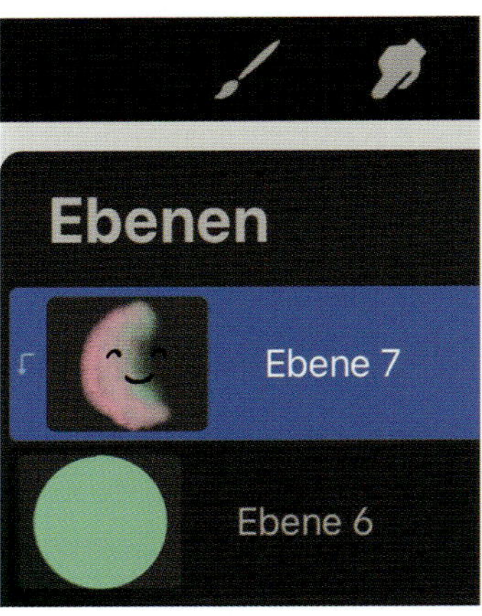

Noch besser ist es, hier eine Clipping-Maske zu erstellen, damit du Dinge immer rückgängig machen kannst und nicht-destruktiv arbeitest. Zeichne dafür noch einmal einen Kreis und fülle ihn mit Farbe. Erstelle nun im Ebenenmenü über das Plus eine neue Ebene darüber. Klicke auf die neue Ebene und wähle hier CLIPPING-MASKE aus. Es erscheint nun ein kleiner Pfeil, der nach unten zeigt. Die obere Ebene bezieht sich jetzt auf die untere. Wähle noch einmal einen Strukturpinsel und eine neue Farbe. Nun kannst du auch dieser Form eine spannende Struktur geben, aber zeichnest nicht direkt auf dein Motiv.

Nicht-destruktive Bearbeitung ist eine Art der Bearbeitung von Daten, bei der die ursprünglichen Inhalte erhalten bleiben.

Übung: Versuche einen lustigen Planeten zu zeichnen mithilfe der Quickshape-Funktion und Alphasperre oder Clipping Maske. Probiere unterschiedliche Pinsel und Farbkombinationen aus.

3.8 Übersicht der Gestensteuerung

Procreate unterstützt eine Vielzahl von Gesten, um das Zeichnen und die Benutzeroberfläche zu steuern. In wenigen Tagen fühlen sich diese Gesten ganz natürlich an und gehen in Fleisch und Blut über.

Hier sind also einige der grundlegenden Touch-Gesten in *Procreate*:

Rückgängig machen und Wiederherstellen

Rückgängig machen
Tippe mit 2 Fingern auf die Leinwand, um einen Schritt zurückzukehren.

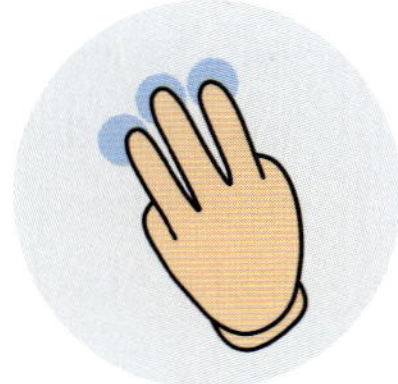

Wiederherstellen
Tippe mit 3 Fingern auf die Leinwand, um etwas wiederherzustellen.

Leinwandbewegung

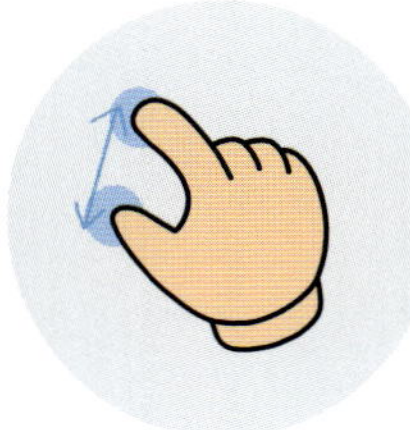

Die Leinwand bewegen
Bewege die Leinwand mit 2 Fingern, um rein- oder rauszuzoomen.

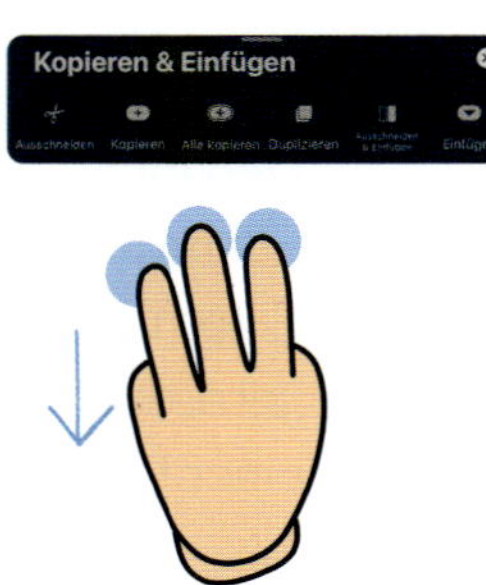

Das Menü Kopieren & Einfügen öffnen
Wische mit 3 Fingern nach unten oder oben.

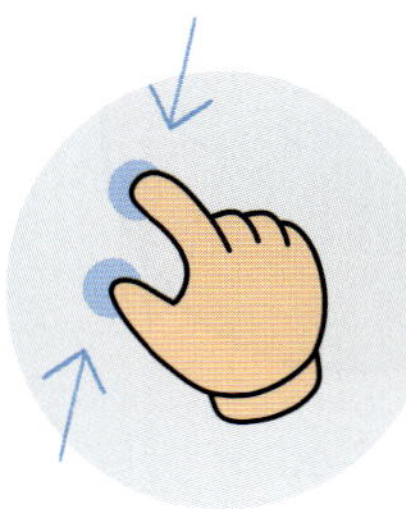

Die Leinwand in Vollformat
Bewege deine Finger schnell zusammen, um die Leinwand voll aufzuziehen.

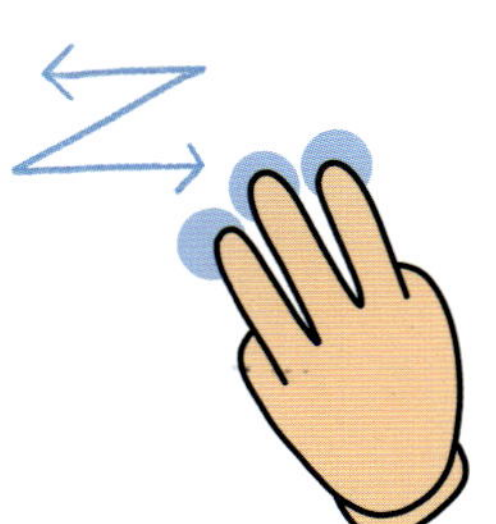

Alles auf einer Ebene löschen
Lösche alles auf einer Ebene, indem du mit drei Fingern auf der Leinwand hin und her wischst.

Ebenengesten

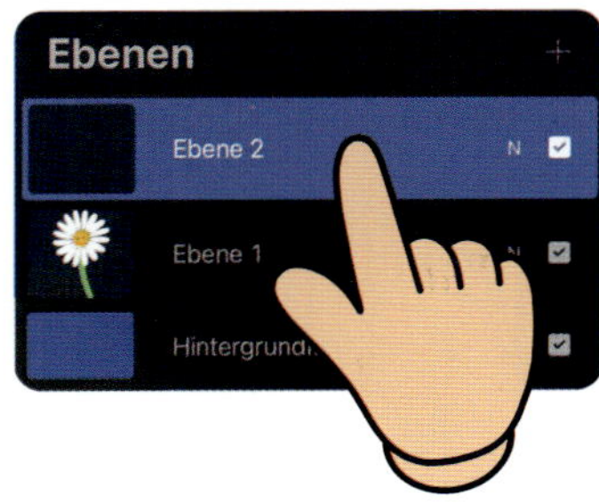

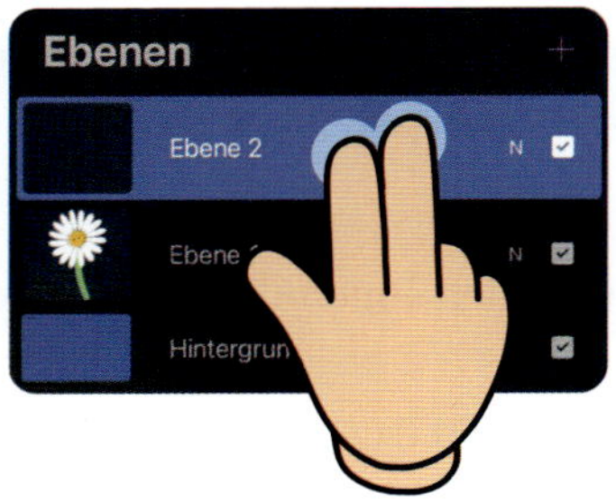

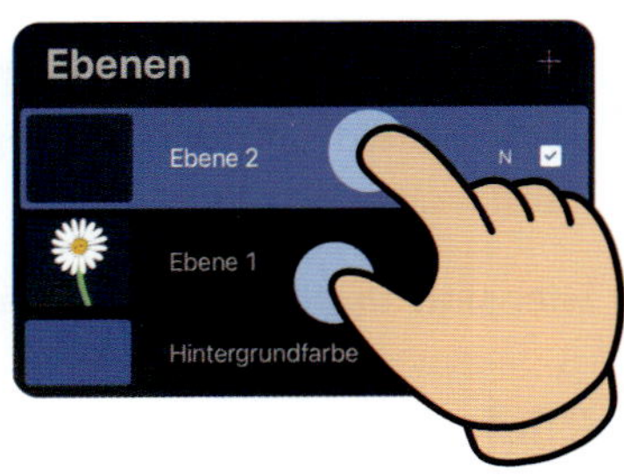

Ebenen umordnen
Tippe und halte eine Ebene mit einem Finger, um sie zu verschieben.

Mehrere Ebenen auswählen
Wische mit einem Finger nach rechts, um eine Ebene auszuwählen. Wiederhole die Geste bei weiteren Ebenen, um mehrere Ebenen auszuwählen.

Ebenenmenü
Wische nach links, um die Ebene zu sperren, zu duplizieren oder zu löschen.

Alphasperre aktivieren
Wische mit 2 Fingern nach links, um die Alphasperre auf einer Ebene zu aktivieren (siehe Abschnitt 3.7).

Die Deckkraft einer Ebene steuern
Tippe mit 2 Fingern auf eine Ebene, um die Deckkraft der Ebene zu steuern. Wische dafür nach rechts oder links.

Den Inhalt einer Ebene auswählen
Tippe und halte mit 2 Fingern, um den ganzen Inhalt einer Ebene auszuwählen.

Ebenen zusammenfügen
Ziehe zwei oder mehrere Ebenen zusammen, um daraus eine zu machen.

Farbgesten

Farbwähler
Tippe mit einem Finger länger auf die Leinwand, um eine Farbe auf der Leinwand auszuwählen.

Vorherige Farbe wählen
Switche zu deiner vorherigen Farbe, indem du länger auf das Kreis-Icon tippst.

Reines Weiß oder Schwarz auswählen
Tippe mit dem Finger oder dem Stift doppelt in das Farbrad unten mittig für reines Schwarz und links oben für reines Weiß.

3.9 Procreate Quick Fix & Hacks auf einen Blick

Hilfe, meine Pinselstriche verändern plötzlich ihre Größe beim Rein- und Rauszoomen:
Dynamische Pinselskalierung unter Einstellungen im Aktionenmenü ist ausgeschaltet. Einfach wieder anschalten.

Ich finde die Mitte meiner Zeichenfläche nicht:
Einrasten aktivieren beim Verschieben-Werkzeug (siehe Abschnitt 3.6).

Die Verbindung zwischen Apple Pencil und iPad ist weg:
Lege deinen Apple Pencil einmal zum Laden auf oder starte *Procreate* neu.

Ich kann meine Form nicht mit Farbe füllen:
Stelle sicher, dass die Form geschlossen ist. Halte den Apple Pencil beim Füllen gedrückt und wische nach links oder rechts, um die Füllung einzustellen.

Meine Zeichnung verpixelt beim Duplizieren:
Stelle sicher, dass du Bilinear unter Interpolation beim Verschieben-Werkzeug eingestellt hast. Normalerweise verpixelt die Zeichnung erst, wenn du sie vergrößerst oder drehst. Mit Bilinear kannst du dem aber etwas entgegenwirken.

Ich habe alles auf eine Ebene gemalt:
Nutze das automatische Auswahlwerkzeug, um Teile deiner Zeichnung zu separieren, und füge diese auf einer neuen Ebene ein.

Hacks

Eine unsichtbare Ebene einfügen:
Du möchtest zum Beispiel ein Foto einfügen, das man in der Zeitraffer-Funktion nicht sieht? Dann streiche beim Einfügen des Bildes nach links. Dort findest du die private Ebene.

Schnell zwischen 2 Farben hin- und herspringen:
Drücke und halte lange auf dem Farbkreis, um zwischen zwei Farben hin- und herzuwechseln. Das ist besonders spannend für schwarz-weiße Arbeiten.

Ebenenmodi:
Unter »N« kannst du unterschiedliche Ebenenmodi einstellen. Diese Funktion ist nützlich, wenn du schattieren möchtest. Merke dir dabei: + Hinzufügen macht deine Zeichnung auf der darunterliegenden Ebene heller und Multiplizieren dunkler.

Fliegende Menüs:
Du kannst die Farben und die Referenzebene lösen und auf deiner Zeichenfläche platzieren, wo es dir am besten gefällt.

Pinselgrößen speichern:
Stelle die Größe deines Pinsels auf eine Prozentzahl deiner Wahl ein, tippe dann noch einmal auf den Regler und tippe auf das +, um die Pinselgröße abzuspeichern.

Kapitel 4

Der Animationsassistent

Den Animationsassistenten findest du unter Aktionen > Leinwand. Du schaltest ihn an, indem du den Regler nach rechts wischst. Hier kannst du ihn auch jederzeit wieder ausschalten. Unten erscheint nun das Wiedergabe-Fenster. Alle bereits existierenden Ebenen werden als einzelne kleine Bilder unten in der Timeline angezeigt. Du kannst Ebenen nun an- oder ausschalten und siehst, wie sie in der Timeline verschwinden.

4.1 Die einzelnen Funktionen

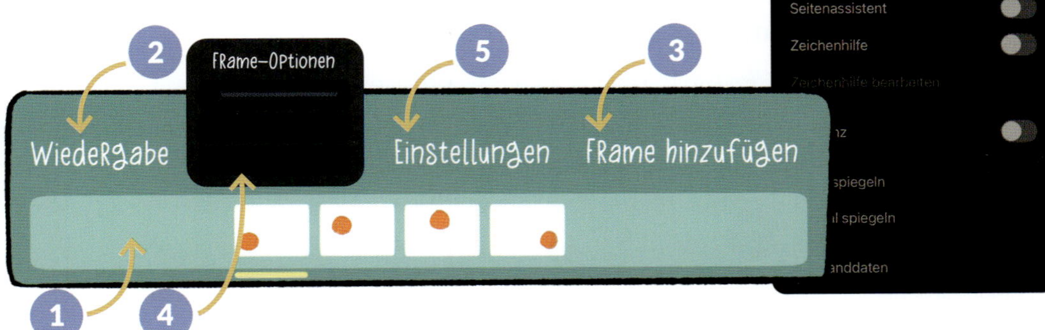

Die Timeline 

Die Timeline präsentiert jeden deiner Frames als kleines Thumbnail. Sie ist ganz ähnlich wie das Ebenenmenü, nur horizontal angeordnet. Der Frame, auf dem du dich gerade befindest, ist immer blau unterstrichen. Du kannst dich innerhalb der Timeline folgendermaßen bewegen:

Tippe mit dem Apple Pencil einmal auf einen Frame, um dorthin zu springen.

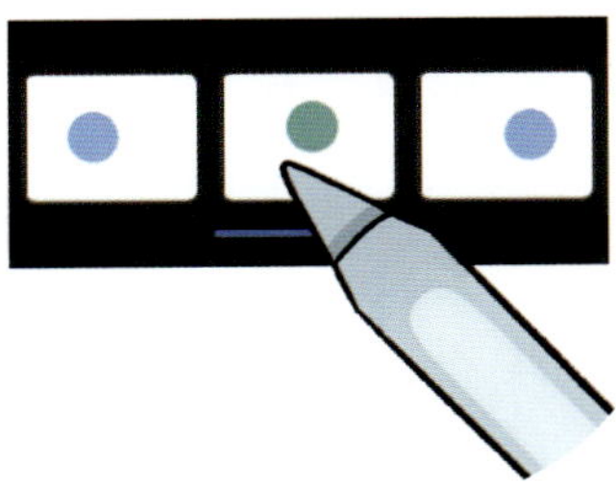

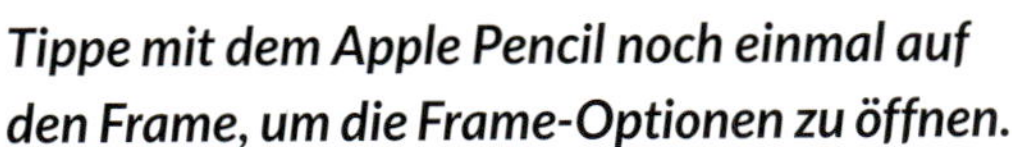

Tippe mit dem Apple Pencil noch einmal auf den Frame, um die Frame-Optionen zu öffnen.

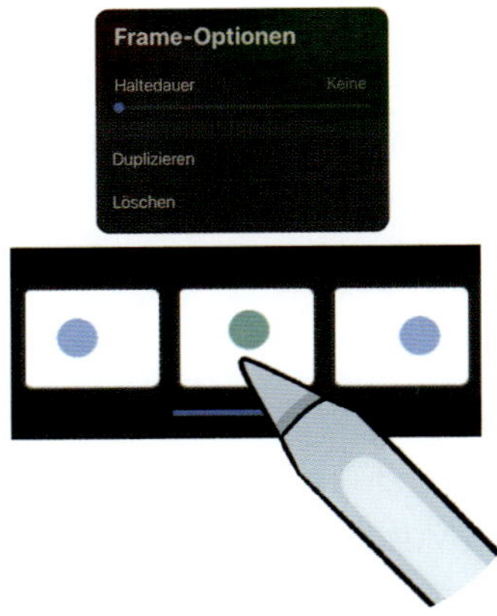

Halte einen Frame gedrückt und ziehe ihn an eine andere Stelle, um Frames zu verschieben.

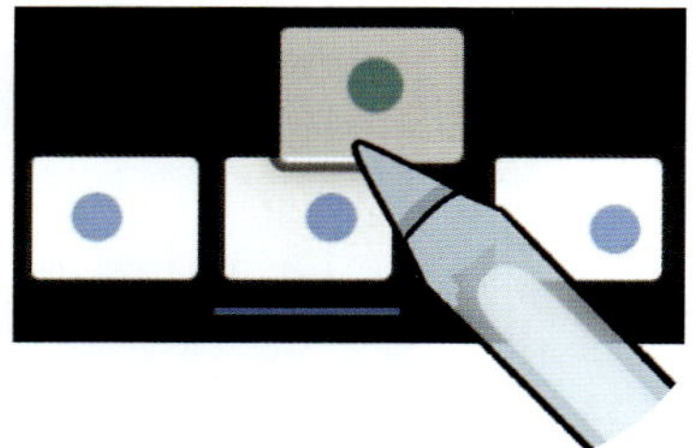

Flippe die Timeline schnell vor und zurück, indem du mit deinen Apple Pencil auf der Timeline hin- und herziehst und ihn dabei gedrückt hältst.

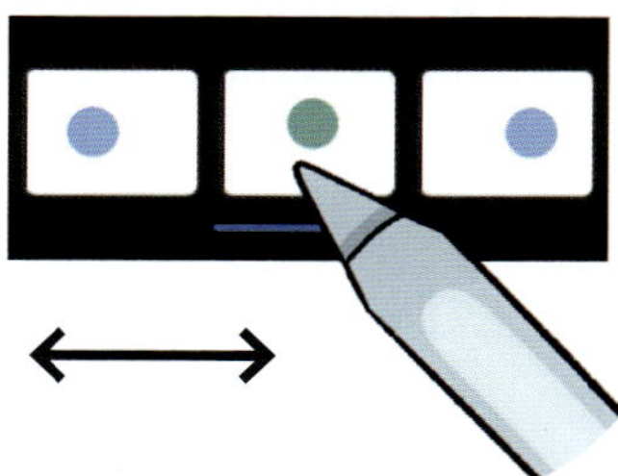

Die Wiedergabe-Funktion 

Mithilfe der Wiedergabe-Funktion kannst du deine Animation testen, ohne umständlich irgendwohin navigieren zu müssen. Anhalten kannst du deine Animation, indem du entweder auf die Zeichenfläche tippst oder ganz einfach auf PAUSE klickst.

Frame hinzufügen 

Unter FRAME HINZUFÜGEN kannst du einen neuen leeren Frame hinzufügen.

Die Frame-Optionen 4

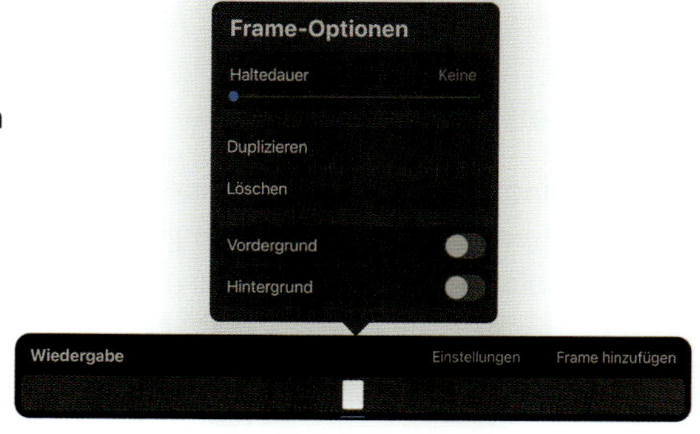

Zu den Frame-Optionen kommst du, indem du einmal auf den Frame in der Timeline klickst. Im FRAME-OPTIONEN-Menü kannst du zahlreiche Einstellungen an einzelnen Frames vornehmen. Lass uns das gleich genauer anschauen.

Die Haltedauer

Du kannst hier einstellen, wie lange dein einzelnes Bild gezeigt wird. In der Animation kann ein gehaltener Frame einen Moment der Ruhe erzeugen, indem die gleiche Zeichnung über mehrere Frames hinweg gezeigt wird. Je länger du hier die Haltedauer einstellst, umso länger bleibt das Bild stehen. Du kannst damit das Timing und den Rythmus verändern. Die gehaltenen Frames werden dir in der Timeline als graue Bilder angezeigt.

Duplizieren / Löschen

Lösche oder dupliziere einen Frame über die Frame-Optionen.

Vordergrund

Hiermit setzt du einen Frame dauerhaft in den Vordergrund. Beachte, dass nur der letzte Frame auf VORDERGRUND gestellt werden kann. Um den Vordergrund wieder rückgängig zu machen, setze den Regler wieder nach links.

Hintergrund

Hiermit setzt du einen Frame dauerhaft in den Hintergrund. Du kannst nur jeweils einen Frame als Hintergrund einsetzen. Achtung: Auch hier kann nur der Frame ganz links zum Hintergrund gemacht werden. Wenn du zusätzlich noch mit dem Ebenen-Menü arbeitest, solltest du darauf achten, dass du keine inaktiven Ebenen unter deiner Hintergrund-Ebene hast.

Einstellungen 

Unter EINSTELLUNGEN kannst du die Geschwindigkeit deiner Animation steuern und verschiedene Zwiebelschichten-Einstellungen vornehmen.

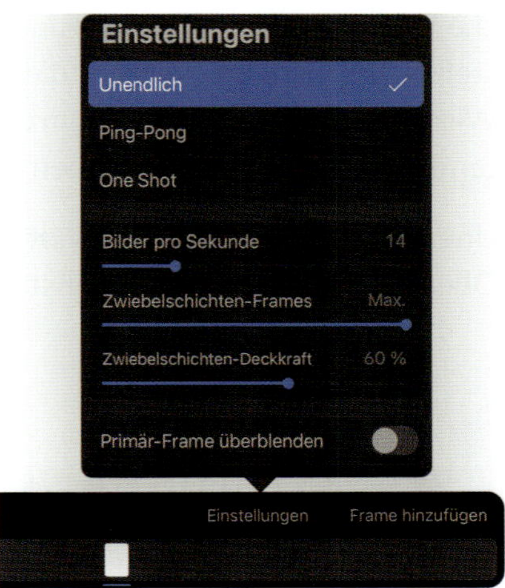

Bilder pro Sekunde

Unter BILDER PRO SEKUNDE kannst du einstellen, wie schnell deine Animation gezeigt wird. Du kannst hier zwischen 1 bis 60 Bildern pro Sekunde wählen. Beachte dabei immer: Je mehr Frames du pro Sekunde hast, desto flüssiger wirkt deine Animation.
Animierte Filme werden normalerweise mit 12 Bildern pro Sekunde erstellt. GIFs bewegen sich zwischen 5-12 Bildern pro Sekunde. Die meisten Disney-Filme wurden mit 24 Bildern pro Sekunde erstellt.

Die Zwiebelschicht (Onion Skin) zeigt halbtransparente Bilder des vorherigen und folgenden Frames an. In traditionell handgezeichneter Animation haben Animatoren meist auf durchscheinende Papierstapel gezeichnet. Diese Stapel wurden unter eine Lightbox gelegt, damit man die vorherigen Bilder ein wenig durchsehen konnte. Das hilft dabei, herauszufinden, wie man Zwischenbilder zeichnen muss. Genau das macht die Zwiebelschicht heute digital.

Die Zwiebelschichten-Frames & die Deckkraft

Du kannst im Menü die Anzahl der Zwiebelschichten-Frames einstellen, die angezeigt werden soll. Das Maximum liegt hier bei 12 Frames. Außerdem kannst du hier die Zwiebelschicht-Deckkraft variieren.

Die Zwiebelschicht wird auch Onion Skin genannt und ist eine Einstellung, bei der du mehrere Frames gleichzeitig sehen kannst. Durch das Durchscheinen der vorherigen und folgenden Frames werden korrekte Zeichnungen und flüssige Bewegungen ermöglicht.

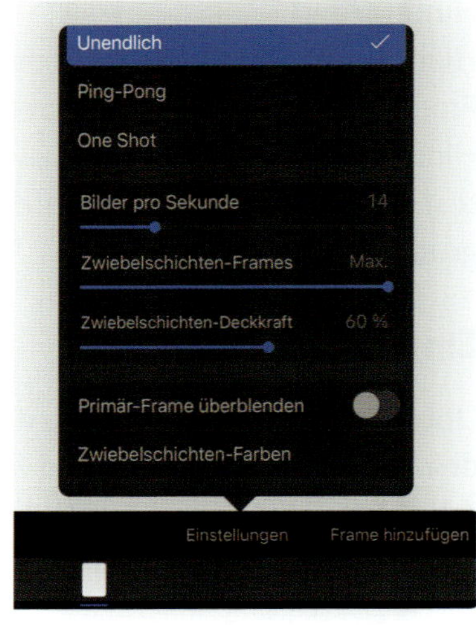

Primär-Farbe überblenden

Unter PRIMÄR-FARBE ÜBERBLENDEN kannst du deinen aktuellen Frame über alle anderen verblenden und damit einen noch transparenteren Look schaffen. Besonders hilfreich ist diese Funktion, wenn deine Zeichenfläche vollflächig mit Farbe gefüllt ist.

Zwiebelschichten-Farben

Unter ZWIEBELSCHICHTEN-FARBEN kannst du unterschiedliche Farben für den folgenden und vorherigen Frame einstellen. Bei manchen iPads ist diese Funktion versteckt. Wische im Menü nach oben, um die Zwiebelschichten-Farben einstellen zu können.

Unendlich, Ping-Pong, One Shot

Oben unter EINSTELLUNGEN kannst du die Abspielweise deiner Animation einstellen.

Unendlich
kreiert einen Loop. Der Film läuft einmal durch und beginnt dann wieder von vorne.

Ping-Pong
spielt die Animation unendlich oft vor und zurück ab. Der Film läuft vom ersten bis zum letzten Frame durch und dann wieder rückwärts zum ersten Frame.

One Shot
spielt die Animation einmal ab. Der Film läuft also vom ersten bis zum letzten Frame ab und stoppt dann.

4.2 Animationen abspeichern

Du kannst deine Animation als animiertes GIF, PNG, MP4 oder HEVC exportieren. Zum Exportmenü kommst du, indem du auf den Schlüssel klickst und anschließend auf TEILEN. Unter EBENEN TEILEN findest du die Einstellungen für Animationen. Jedes Format hat andere Vorteile.

Animiertes GIF

GIFs sind wohl das meistbenutzte Format für Web-Animationen. Im GIF-Menü kannst du zwischen Maximaler Auflösung (bessere Qualität, aber höhere Dateigröße) oder Bereit für Web (Schlechtere Qualität, bei kleiner Dateigröße) wählen. Ich wähle hier fast immer die maximale Auflösung, da das Ergebnis sonst oft zu schlecht ist.

Bilder pro Sekunde
In den GIF-Einstellungen kannst du noch einmal die Bilder pro Sekunde regeln und damit deine Animation langsamer oder schneller machen.

Dithering
Mithilfe von Dithering bekommt man eine bessere Farbmischung der GIFs. Die einzelnen Pixel werden aufgerastert und harte Übergänge zwischen den Farben vermieden. Gerade bei Farbverläufen kann diese Einstellung dein GIF retten.

Farbpalette pro Frame
Farbpalette pro Frame bedeutet, dass insgesamt mehr Farben im GIF zum Einsatz kommen. Oft merke ich aber eine bessere Qualität, wenn ich nur Dithering einschalte. Probiere hier am besten ein bisschen herum.

Transparenter Hintergrund
Du kannst im GIF-Menü einen transparenten Hintergrund einstellen. Das ist besonders wichtig, wenn du GIF-Sticker erstellen möchtest.

Alpha-Schwellenwert
Der Alpha-Schwellenwert steuert die transparenten Pixel des GIFs. Mithilfe dieser Einstellung kannst du unscharfe Ränder an den Kanten eines GIFs vermeiden. Je nach GIF musst du den Regler höher oder niedriger stellen. Probiere am besten einmal aus, welche Einstellung für dich am ehesten geeignet ist.

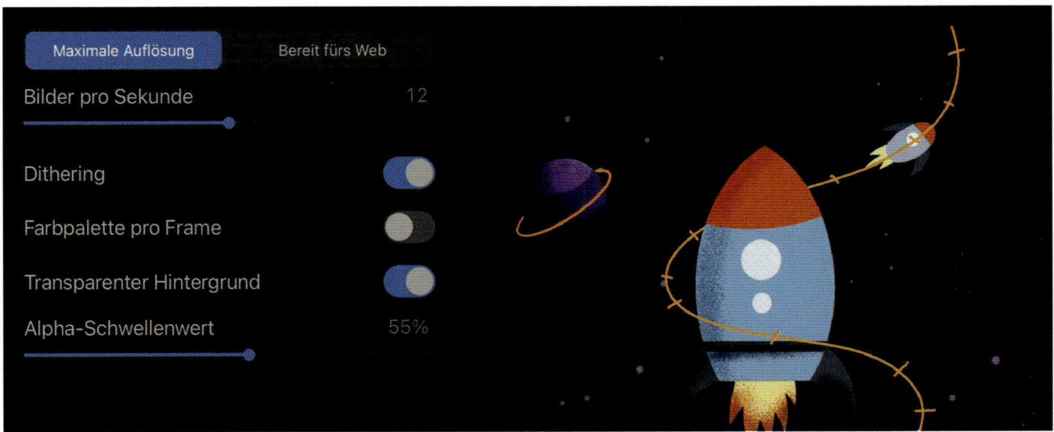

Animiertes PNG

Animierte PNGs liefern eine bessere Qualität als GIFs, werden allerdings nicht überall unterstützt. Gerade für transparente Hintergründe sind animierte PNGs spannend.

Animiertes MP4

Ein MP4 rechnet einzelne JPGs als Basis für die einzelnen Frames heraus. Daher kann ein animiertes MP4 nur mit Hintergrund exportiert werden. Trotzdem ist die Dateigröße bei MP4s geringer als bei vergleichbaren Filmformaten wie zum Beispiel dem .mov-Format. Möchtest du deinen Illustration im Instagram-Feed teilen, ist das animierte MP4 die beste Wahl! Hier kannst du wieder zwischen Maximaler Auflösung und Bereit fürs Web wählen. Außerdem kannst du die Bilder pro Sekunde steuern.

Animiertes HEVC

Das HEVC-Format verhält sich wie das MP4-Format. Allerdings kannst du hier noch einen transparenten Hintergrund wählen und anschalten.

Meine Animationen speichere ich als animiertes MP4, wenn sie vollfarbig sein sollen, oder als GIF, wenn ich einen transparenten Hintergrund haben oder die Animation einfach in meine Website einbauen möchte.

Kapitel 5

Erste Schritte in Procreate Dreams

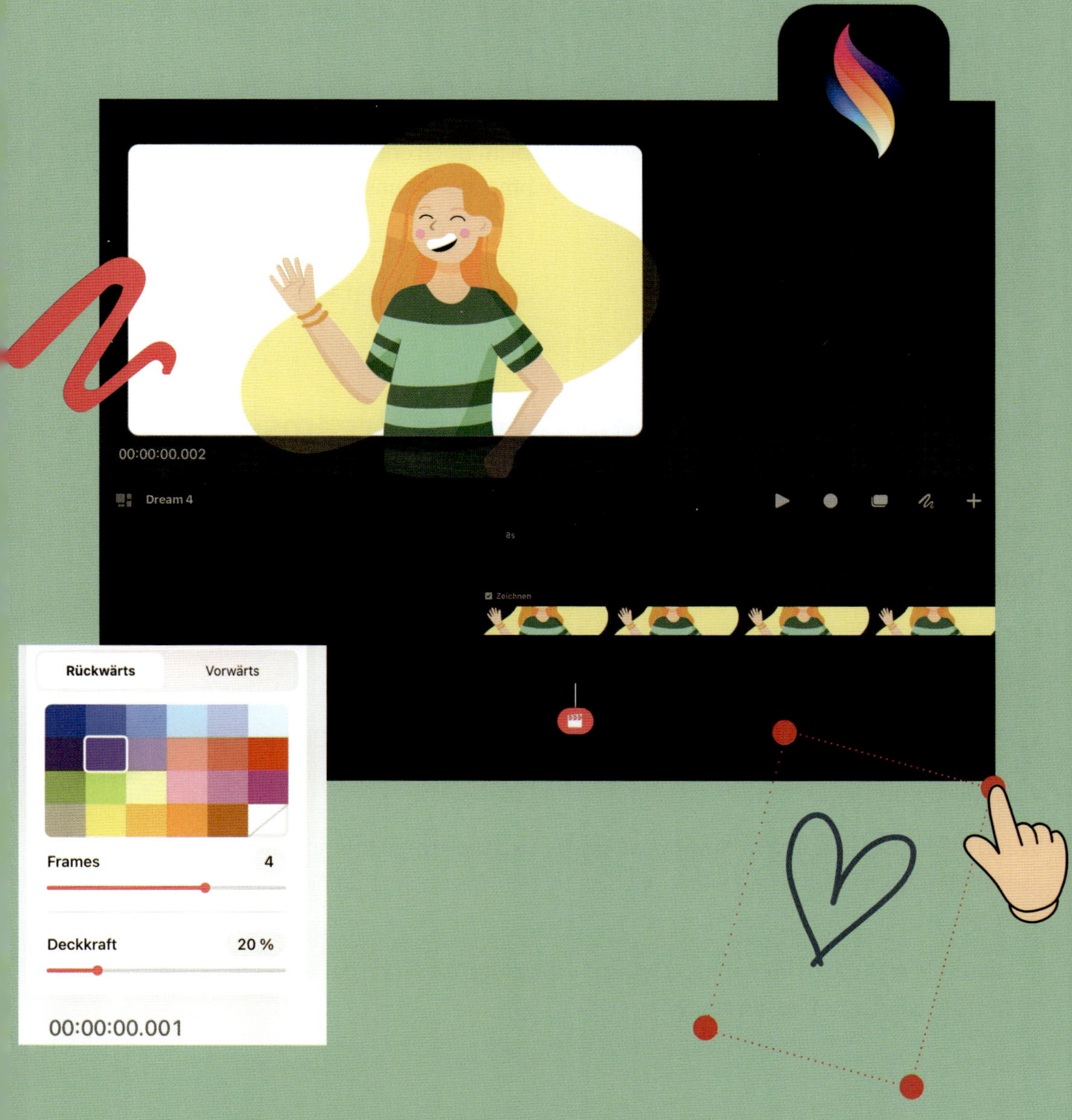

Die App *Procreate Dreams* möchte Animation für alle zugänglich machen. *Dreams* ist die zweite App aus dem Hause Procreate und nur auf Animationen spezialisiert. Während *Procreate* den Animationsassistenten als Zusatzfeature integriert hat, ist *Dreams* ein vollumfängliches Animationsprogramm.

Der Hauptunterschied zu *Procreate* liegt unter anderem in den Spuren, die du im Programm erstellen kannst. Diese ermöglichen die gleichzeitige Animation von mehreren Objekten. Dies ist in *Procreate* nur durch umständliche Gruppenbildung möglich.

In diesem Kapitel möchte ich dir eine kleine Einführung in *Procreate Dreams* geben. Bitte beachte allerdings, dass *Procreate Dreams* noch viel mehr kann als hier im Buch beschrieben. Da wir uns hier auf die Basics konzentrieren, reicht es völlig aus, wenn du einige wenige Grundlagen beherrschst.

Tipp: Immer wenn du dieses Symbol im Buch entdeckst, wird erklärt, wie du die Übung in *Procreate Dreams* nachmachen kannst.

5.1 Die Filmübersicht in Procreate Dreams

Wenn du *Procreate Dreams* öffnest, landest du in der Filmübersicht. Hier sind all deine Animationen im Dreams-Format gespeichert.

In der Filmübersicht kannst du:

- einen neuen Film erstellen
- Filme auswählen und in Ordner sortieren
- Filme und Gruppen umbenennen, duplizieren, teilen und in die iCloud kopieren
- Filme löschen

Wenn du auf das Bild eines Films tippst, öffnet sich die jeweilige Animation. Wenn du länger auf den Namen oder den Film tippst, kannst du das Projekt umbenennen, duplizieren oder teilen.

Ein neues Projekt wird immer als »Dream _« angelegt. Benenne daher deine Projekte am besten gleich von Anfang an sinnvoll.

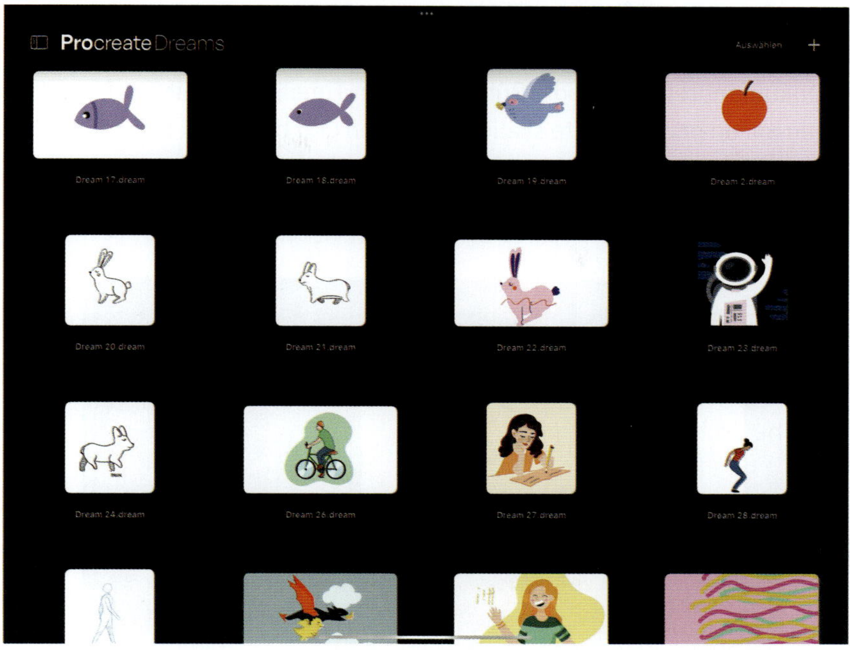

5.2 Einen neuen Film erstellen

Über das + kannst du einen neuen Film erstellen. Du kannst hier zwischen voreingestellten Größen wie WIDESCREEN, ULTRAWIDE-SCREEN, SOCIAL, QUADRAT und BILDSCHIRMGRÖSSE wählen. Tippst du auf das rote Quadrat neben dem Format, kannst du die jeweilige Auflösung einstellen. Wähle hier zwischen 720p, HD, 2K oder 4K. Willst du eine Leinwand mit 1080x1080 px erstellen, nutze ganz einfach das QUADRAT-Format in HD.

Unter den drei Punkten rechts oben kannst du die Bilder pro Sekunde anpassen und die Dauer des Films ändern. Ich stelle hier meist eine Dauer von 00:00:02 Sekunden bei 12 Bildern pro Sekunde ein.

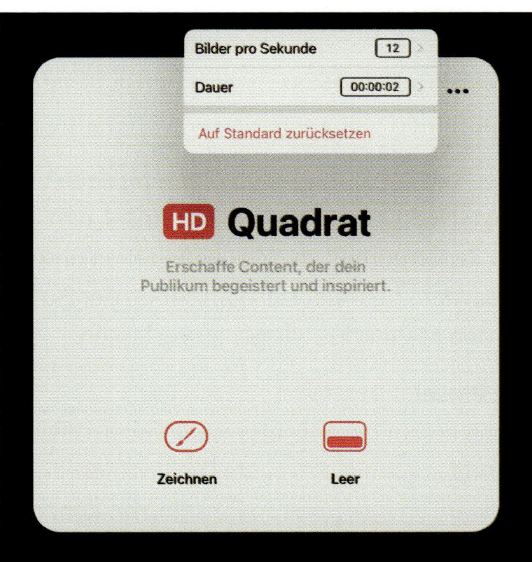

Um ein neues Dokument zu erstellen, kannst du nun zwischen ZEICHNEN und LEER wählen. ZEICHNEN bringt dich sofort in den Zeichnen-Modus und erstellt eine erste Spur. LEER erstellt für dich eine leere Datei.

5.3 Kennenlernen des Arbeitsbereichs

Ein *Dreams*-Dokument teilt sich in die Bühne und den Timeline-Bereich auf. Im oberen Bereich kannst du malen oder Objekte skalieren, drehen und bewegen. Im unteren Bereich steuerst und bearbeitest du die Animationen.

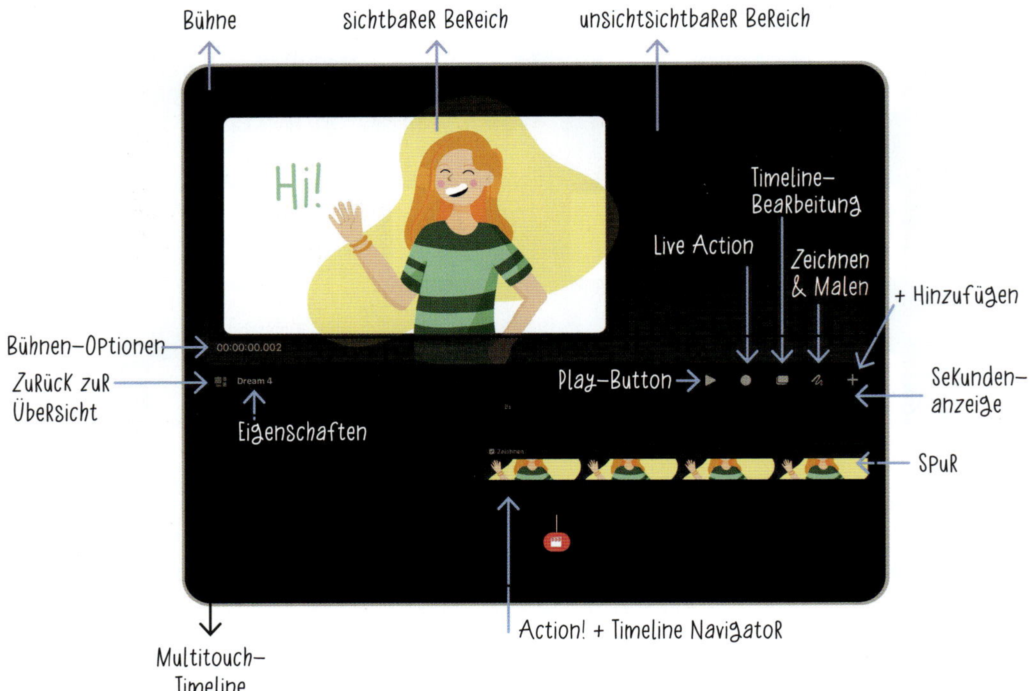

Zeichnen und Malen

Wenn du auf den Pinselstrich tippst, öffnet sich die Funktion Zeichnen und Malen.

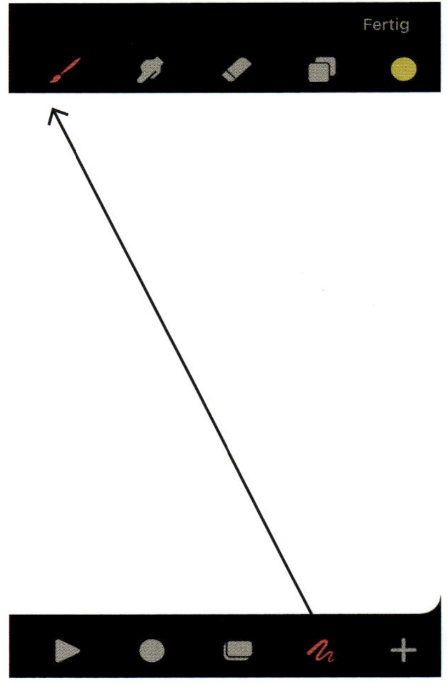

Oberhalb der Bühne erscheint eine neue Werkzeugleiste: Du findest dort die Pinsel, den Wischfinger, den Radiergummi, die Zeichenebenen und die Farbe. Außerdem befindet sich ganz oben der Button Fertig, um den Malmodus wieder zu verlassen.

Die Pinsel

Wenn du auf das Pinselsymbol tippst, öffnet sich die Pinselsammlung. *Procreate Dreams* bietet eine große Auswahl an integrierten Pinseln, mit denen du sofort starten kannst. Außerdem kannst du ganz oben auf deine Kürzlich verwendeten Pinsel zugreifen. Eine

Bearbeitung der Pinsel ist in *Procreate Dreams* nicht möglich. Allerdings kannst du Pinsel direkt aus *Procreate* in *Dreams* importieren. Nutze dafür am besten den Split View Modus deines iPads. Diesen öffnest du, indem du mit deinem Finger einmal oben mittig auf den Bildschirm deines iPads und dann auf die drei Punkte tippst. Wähle anschließend Split View aus und öffne *Procreate*. Nun kannst du in *Procreate* zu dem Pinsel navigieren, den du in *Dreams* importieren möchtest. Ziehe die Sammlung per Drag & Drop rüber in die *Dreams*-Zeichenfläche.

Der Wischfinger
Genau wie in *Procreate* kannst du auch in *Dreams* mit dem Wischfinger arbeiten.

Der Radiergummi
Mit dem Radiergummi löschst du Ungewolltes von deiner Zeichenfläche. Du kannst hier unterschiedliche Pinsel auswählen, mit denen du radieren möchtest.

Die Zeichenebenen
Unter der Zeichenebene findest du die Möglichkeit, auf unterschiedliche Ebenen zu zeichnen, ähnlich wie in *Procreate*. Über das + erstellst du eine neue Ebene. Durch ein Tippen auf die Ebene kannst du diese umbennen, maskieren oder eine Clipping-Maske erstellen.

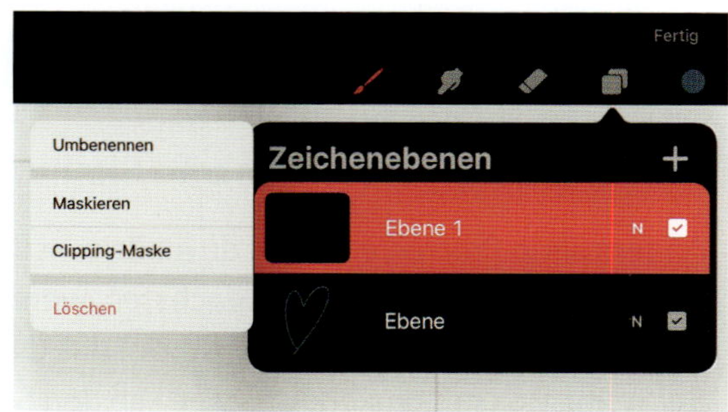

Das Farbmenü
Du findest das Farbmenü wie in *Procreate* unter dem farbigen Kreissymbol. Du kannst hier zwischen Ring, Klassisch, Harmonie, Wert oder Farbpalette wählen. Ziehst du den Farbkreis auf die Zeichenfläche, kannst du Flächen oder den ganzen Hintergrund einfärben.

Im Farbkreis wird dir der Verlauf deiner vorher benutzten Farben angezeigt. Unterhalb siehst du Farbpaletten, die du dir abspeichern kannst.

Das Daumenkino

Nur im Zeichnen & Malen-Modus ist es möglich, das Daumenkino zu aktivieren. Dafür wischst du die Timeline nach unten. Zurück kommst du, indem du auf das Schließen-Kreuz tippst oder wieder schnell mit einem Finger nach unten wischst.

Im Daumenkino werden dir die einzelnen Frames nacheinander angezeigt. Tippst du kurz auf einen Frame, kannst du über das + Symbol einen neuen leeren Frame dahinter einfügen. Tippst und hältst du einen Frame länger gedrückt, kannst du den Frame leeren, ausschneiden, kopieren, duplizieren oder einfügen.

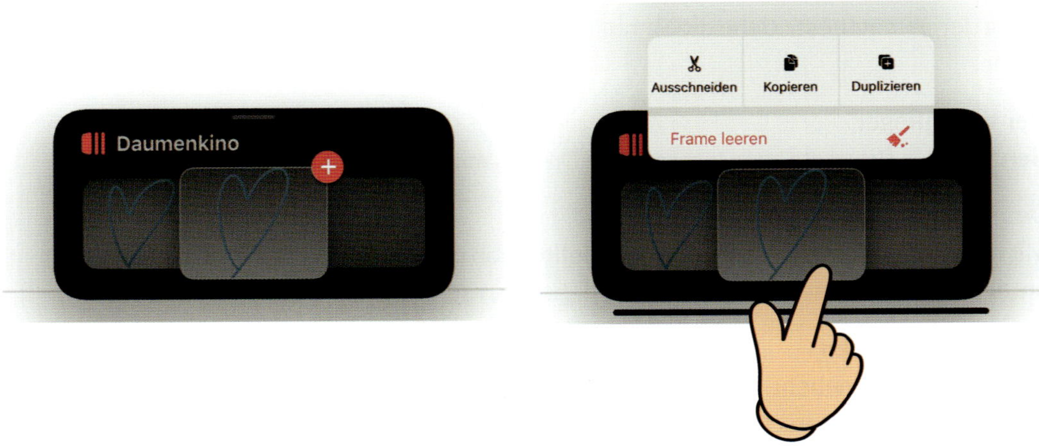

Verschieben, Verformen und Skalieren

Anders als in *Procreate* findest du im ZEICHNEN & MALEN-Menü kein Verschieben-Werkzeug. Objekte verschiebst du am einfachsten, wenn du den Malmodus wieder deaktivierst und dann einmal auf das Objekt tippst. Um das Objekt herum bildet sich dann eine gestrichelte Bounding Box mit pinken Anfassern an den Seiten.

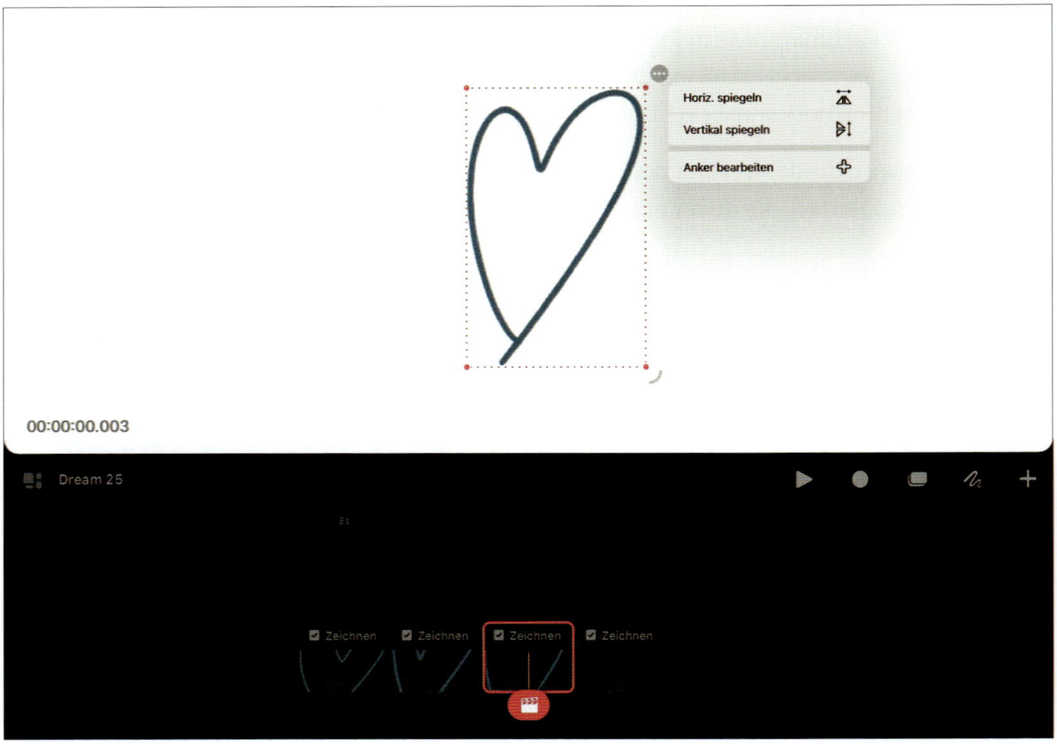

Verschieben
Um ein Objekt zu verschieben, tippst du einmal auf das Objekt, damit die Bounding Box erscheint. Nun kannst du das Objekt mit dem Finger oder dem Apple Pencil innerhalb oder außerhalb der Box verschieben. Achte darauf, dass du nicht direkt an der gestrichelten Linie oder den Punkten ziehst.

Skalieren
Gleichmäßig skalieren kannst du ein Objekt, indem du direkt an den pinken Punkten nach innen oder außen ziehst.

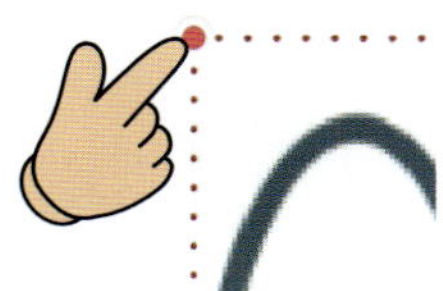

Drehen
Tippst du auf einen der pinken Kreise, erscheint ein Halbkreis. Damit kannst du das Objekt drehen.

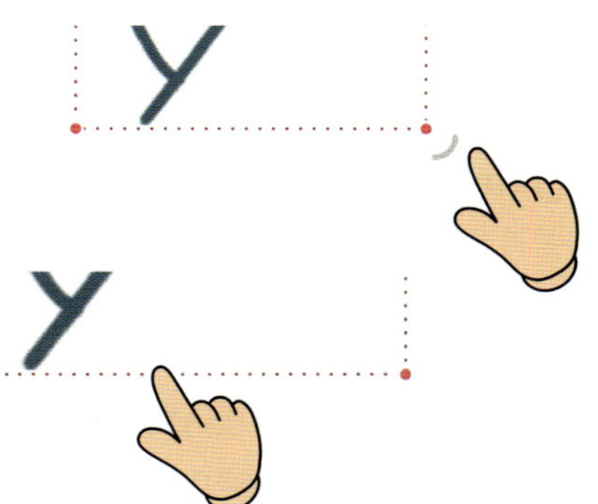

Stauchen & Dehnen
Du kannst ein Objekt horizontal oder vertikal stauchen bzw. dehnen, indem du die äußeren Ränder mittig auf der gestrichelten Linie nach innen bzw. nach außen ziehst.

Horizontal und vertikal spiegeln und die Ankerpunkte bearbeiten
Unter den drei Punkten rechts oben findest du Horizontal spiegeln, Vertikal spiegeln und Anker bearbeiten. Wenn du den Anker bearbeitest, legst du den Mittelpunkt fest, um den herum die Tranformation stattfinden soll. Bewegst du also zum Beispiel einen Arm, ist es sinnvoll, den Ankerpunkt an den Ellenbogen zu setzen, damit der Drehpunkt dort stattfindet und nicht mittig.

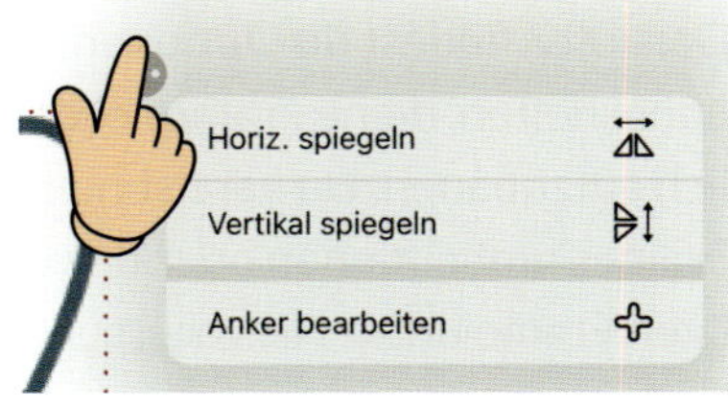

+ Hinzufügen

Unter dem + kannst du deiner Datei eine neue Spur hinzufügen. Es ist dort ebenfalls möglich, Fotos, Videos, Text und Dateien einzufügen. Klickst du auf Spur, wird eine neue Spur über deiner ersten Spur erstellt. Sobald du die neue Spur erstellt hast, springt die Filmklappe dorthin. Drückst du länger auf die leere Spur, kommst du zu den **Spur-Optionen.** Du kannst hier die Spur löschen, Alle anzeigen oder Alle ausblenden. Zusätzlich kannst du hier immer Ausschneiden, Kopieren, Duplizieren oder Einfügen auswählen.

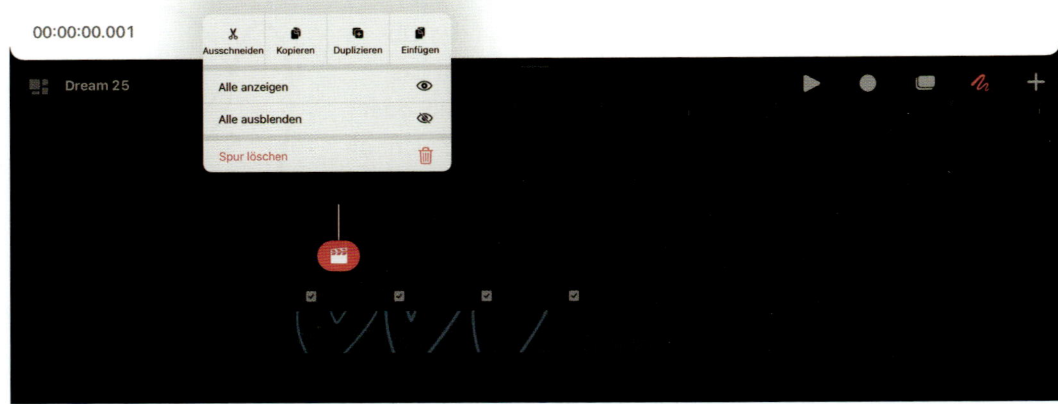

Sobald etwas auf die Spur gezeichnet wurde, kann man den Inhalt auf der Spur bearbeiten.

Spurinhalt bearbeiten

Den Spurinhalt bearbeitest du, indem du in der Multitouch-Leinwand länger auf einen Frame auf einer Spur drückst.

Ausschneiden, Kopieren, Duplizieren, Einfügen
Ganz oben kannst du den Frame auf schnelle Art und Weise ausschneiden, kopieren, duplizieren oder einfügen.

Umbenennen & Hervorhebung
Darunter findest du Optionen, die dir dabei helfen, deine Frames ordentlich aufzubauen. Du kannst hier die Frames umbenennen oder dem jeweiligen Frame unter HERVORHEBUNG eine Farbe geben.

Überblenden-Modus
Der Überblenden-Modus verhält sich wie das »N« in *Procreate*. Wähle hier zwischen unterschiedlichen Blendenmodi wie MULTIPLIZIEREN oder HINZUFÜGEN aus.

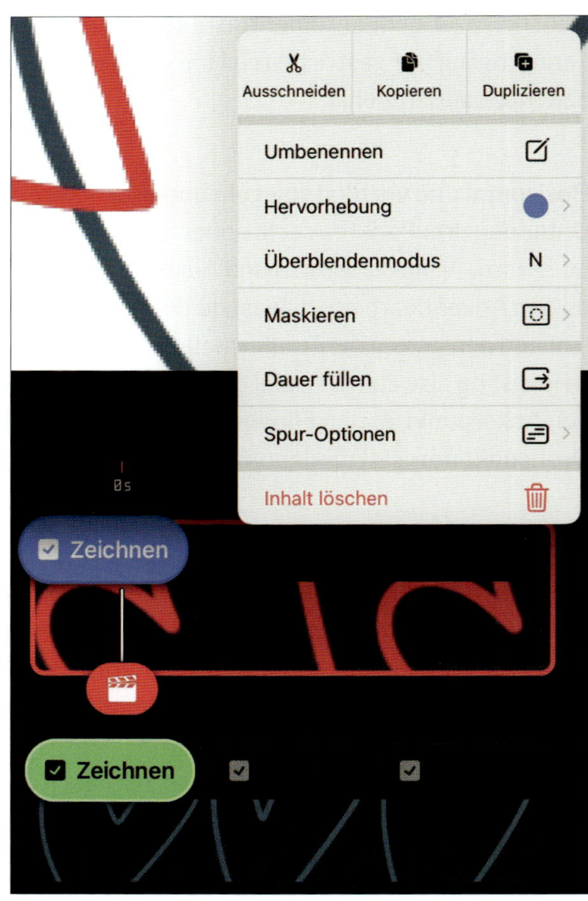

Maskieren

Unter MASKIEREN findest du die Möglichkeit, eine Clipping-Maske oder eine Ebenenmaske zu erstellen.

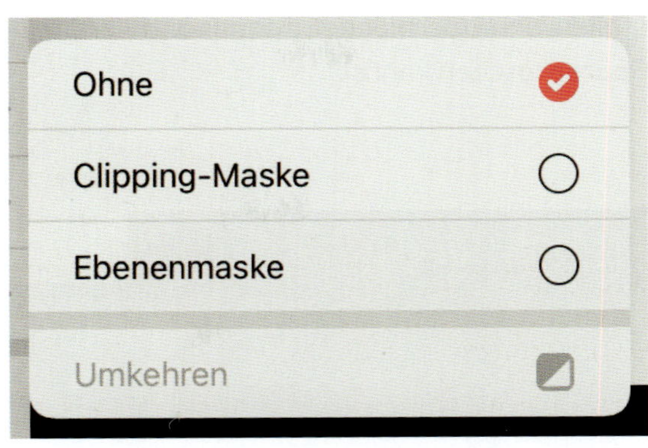

Clipping-Maske

Die Clipping-Maske nutze ich beispielsweise zum Schattieren von Objekten. Wenn ich einen Spurinhalt zur Clipping-Maske mache, bezieht sich dieser auf den Inhalt der unteren Spur. Dies ermöglicht es mir, verlustfrei innerhalb eines Objektes zu malen.

Ebenenmaske

Die Ebenenmaske verwende ich zum Beispiel, wenn ich eine Animation in einem Kreis oder in einem anderen Objekt abspielen lassen will. Mit einer Ebenenmaske wird ein Teil der Ebene sichtbar geschaltet, während der Rest der Ebene unsichtbar bleibt. Du kannst mit einer Maskierungsspur also Teile einer Spur »löschen«, die nicht sichtbar sein sollen. Das Maskieren ist zerstörungsfrei.

Dauer füllen

Unter DAUER FÜLLEN verlängerst du einen Frame auf die komplette Länge des Films.

Spur-Optionen

Du kannst hier die SPUR LÖSCHEN, ALLE ANZEIGEN oder ALLE AUSBLENDEN. Zusätzlich kannst du hier immer AUSSCHNEIDEN, KOPIEREN, DUPLIZIEREN oder EINFÜGEN auswählen.

Inhalt löschen

Hier löschst du den kompletten Inhalt einer Spur.

Die Timeline-Bearbeitung

Im Timeline-Bearbeitungsmodus kannst du Spuren einfach zu Gruppen zusammenfügen.

Spuren auswählen und zu Gruppen zusammenfügen

Anders als in *Procreate* kannst du in *Dreams* mit mehreren animierten Ebenen gleichzeitig arbeiten. Diese Ebenen nennt man Spuren. Möchtest du mehrere Spuren zu einer Gruppe zusammenfügen, kannst du das mithilfe deines Apple Pencils im Timeline-Bearbeitungsmodus tun. Dafür klickst du auf das Timeline-Bearbeitungssymbol und streichst mit dem Apple Pencil über zwei Spuren. Diese werden nun beide mit einem pinken Rahmen versehen und die Linie, die der Apple Pencil zieht, ist ebenfalls pink. Tippst du nun länger mit dem Apple Pencil auf die ausgewählten Spuren, erscheint ein Menü, in dem du Gruppen erstellen, den Überblenden-Modus aktivieren oder den kompletten Inhalt der gewählten Spuren löschen kannst.

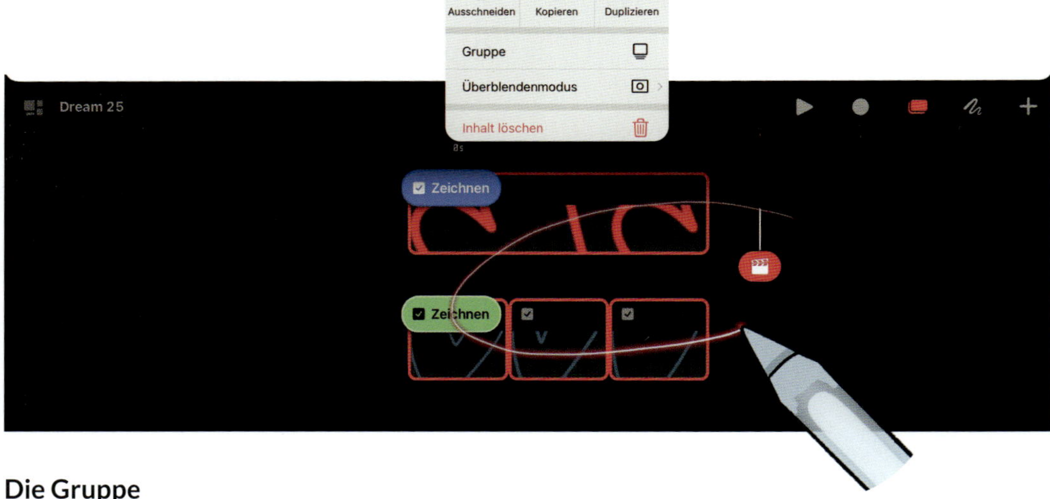

Die Gruppe

Eine Gruppe kannst du mithilfe des Häkchens hinter dem Gruppennamen öffnen und dort wieder auf die einzelnen Spuren zugreifen. Das Arbeiten mit Gruppen macht PROCREATE DREAMS besonders gut zu bedienen und übersichtlich.

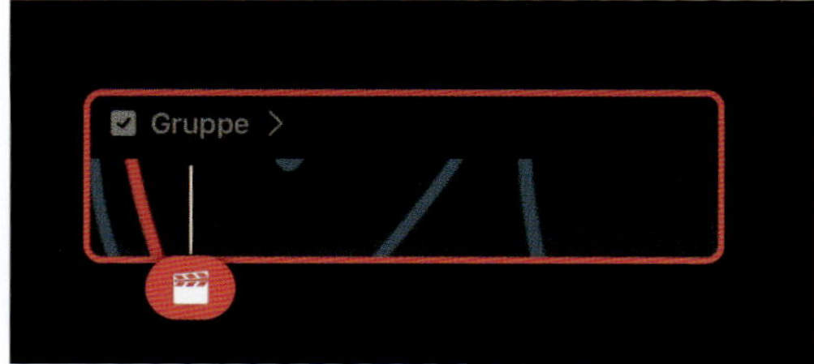

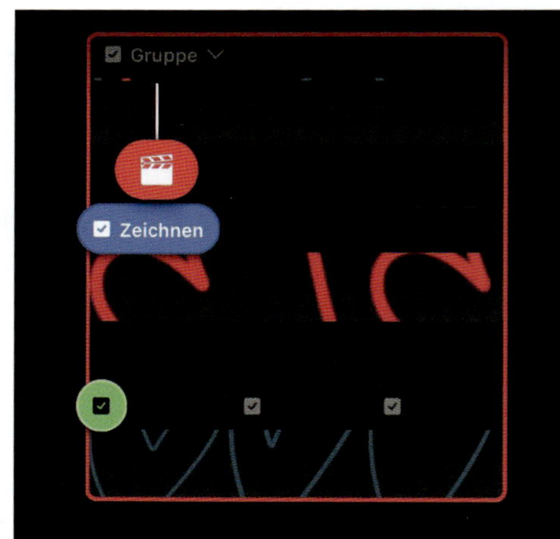

Die Bühnen-Optionen

Zu den Bühnen-Optionen kommst du, indem du auf die Zeitanzeige auf der linken Seite tippst. Dort kannst du die Zwiebelschicht einblenden und bearbeiten sowie die Hintergrundfarbe für das gesamte Projekt einstellen. Bestimmt erinnerst du dich, wie wichtig die Zwiebelschicht bei Animationsprojekten ist. Hier kannst du alles farblich passend einstellen.

00:00:00.001

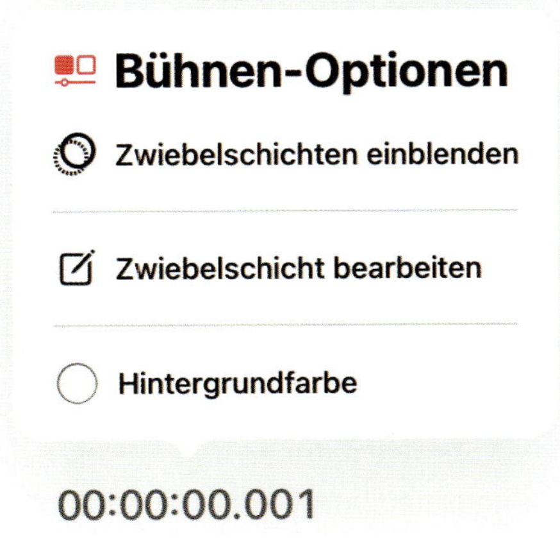

Zwiebelschichten einblenden

Klickst du auf Zwiebelschichten einblenden, erscheinen die vorherigen und folgenden Frames leicht durchscheinend.

Zwiebelschicht bearbeiten

Hier kannst du einstellen, wie viele Frames angezeigt werden sollen, und steuerst die Deckkraft der Zwiebelschicht.

Hintergrundfarbe

Hier kommst du zu einem Farbkreis, mit dem du den Hintergrund für deine komplette Animation einfärben kannst. Außerdem kannst du hier den Hintergrund transparent machen.

Der Play-Button

Mithilfe des Play-Buttons spielst du deine Animation ab oder stoppst sie wieder. Wenn du in die Timeline zoomst, wird nur der Bereich abgespielt, in den du gerade gezoomt hast. Wischst du den Play-Button schnell nach links, wird aus der Timeline gezoomt und die Animation einmal von vorne abgespielt.

Der Bereit-Modus

Mithilfe der Funktion Bereit kannst du Objekte bewegen und diese Bewegung aufzeichnen lassen. Stell dir zum Beispiel vor, du möchtest einen Vogel durch eine Landschaft fliegen lassen. Diese sanfte Bewegung kannst du ganz einfach mit deinen händischen Bewegungen in Dreams aufnehmen.

5.4 Mit Keyframes animieren – Action!-Modus

Mithilfe der Filmklappe kommst du in den Action!-Modus in Procreate Dreams. Du kannst dort Keyframes setzen und Objekte von alleine bewegen lassen, Filter verwenden oder Spuren bearbeiten. Ich erkläre dir nun eine gängige Funktion.

Bewegen mithilfe von Keyframes

Tippst du auf Bewegen, kannst du zwischen Bewegen & Skalieren, Verformen oder Verzerren wählen. Um einen Ball von A nach B zu bewegen, ohne alle Zwischenschritte einzeln zeichnen zu müssen, kannst du den Action!-Modus verwenden. Springe dafür an den Anfang deines Frames und klicke auf die Filmklappe. Wähle Bewegen aus und bewege den Cursor ans Ende der Timeline. Klicke auf das Kreuzsymbol und bewege dann den Ball von rechts nach links.

Unterhalb der Spur erscheint nun eine zweite Keyframe-Spur. Tippst du kurz auf das Keyframe-Symbol, öffnet sich ein Menü, in dem du die Bewegung ganz exakt steuern kannst.

Drückst du länger auf die neue Spur mit den Keyframes, kannst du deine Animation zum Beispiel sanft starten und enden lassen (Ease-in-and-out).

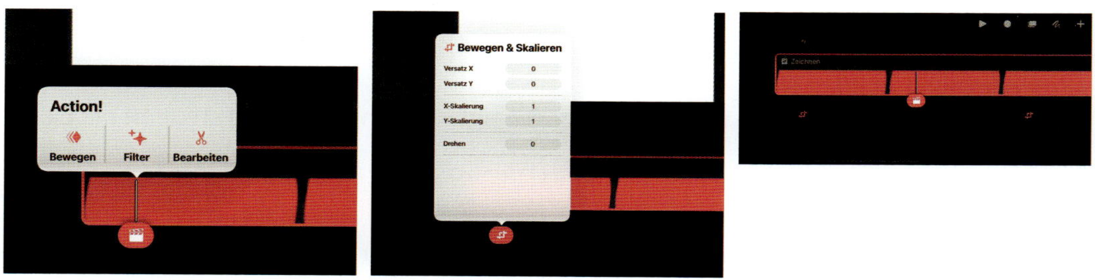

Effekte erstellen mit Live-Filtern

Wählst du durch Drücken auf die Filmklappe Filter aus, kannst du bestimmte Effekte animieren. Du hast dort die Wahl zwischen Deckkraft, Gaussche Unschärfe, Scharfzeichnen, Rauschen oder HSB.

Mithilfe der Deckkraft kannst du zum Beispiel zu Beginn etwas einfaden lassen. Setze dafür einen ersten Keyframe mit Deckkraft 0 und springe zum Ende, um dort die Deckkraft auf 100 zu setzen.
Mit HSB kannst du auf diese Art coole Farbwechselspiele erreichen.

Spuren schneiden unter Bearbeiten

Unter Bearbeiten kannst du Spuren schneiden und aufteilen. Dies ist besonders spannend für den Videoschnitt.

5.5 Übersicht der Gestensteuerung

Procreate Dreams unterstützt eine Vielzahl von Gesten, um das Zeichnen und die Benutzeroberfläche zu steuern. In wenigen Tagen fühlen sich diese Gesten ganz natürlich an und gehen in Fleisch und Blut über.

Hier sind einige der grundlegenden Touch-Gesten in *Procreate Dreams*:

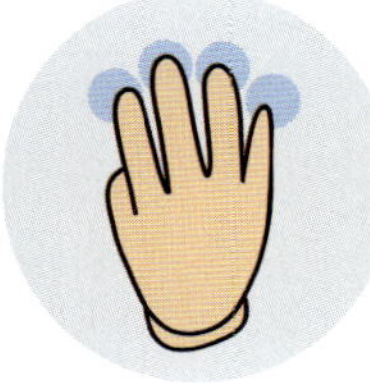

Film im Vollbildmodus abspielen
Mit 4 Fingern auf die Leinwand tippen

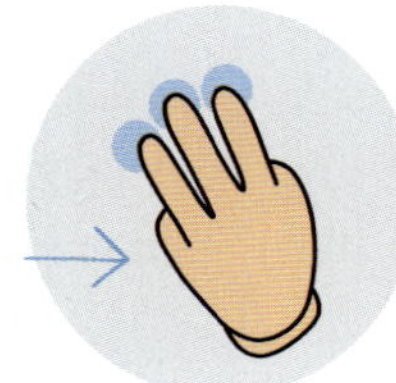

Die Timeline kleiner oder größer machen
Mit 3 Fingern auf der Timeline nach rechts oder links wischen

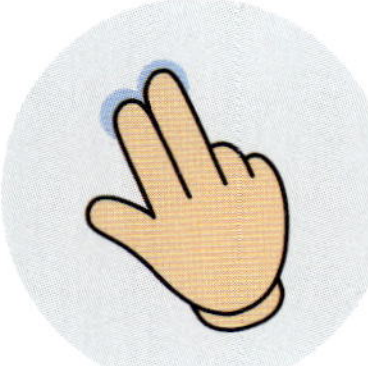

Eine Aktion rückgängig machen
Mit 2 Fingern tippen

Eine Aktion wiederherstellen
Mit 3 Fingern tippen

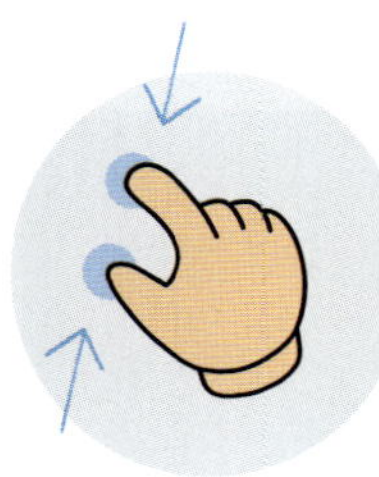

Zoomen in Leinwand und Timeline
2 Finger zusammen- oder auseinanderziehen

Die Leinwand einpassen
2 Finger schnell zusammenziehen

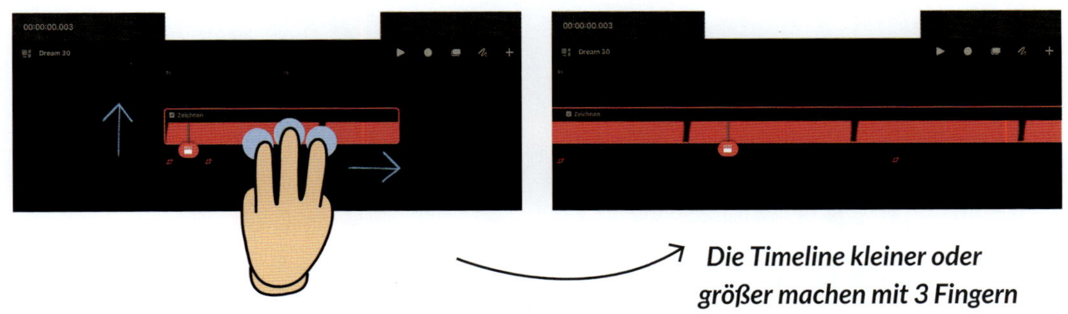

Die Timeline kleiner oder größer machen mit 3 Fingern

5.6 Einen Dreams-Film abspeichern

Wenn du mit der Animation fertig bist, ist es an der Zeit, den Film zu speichern. Das machst du, indem du auf den Namen des Projekts tippst und in den Eigenschaften auf TEILEN klickst. Als Exportoptionen findest du im Schnell-Export: VIDEO, FRAMES ALS BILDER, AKTUELLER FRAME und das *Procreate Dreams*-Format.

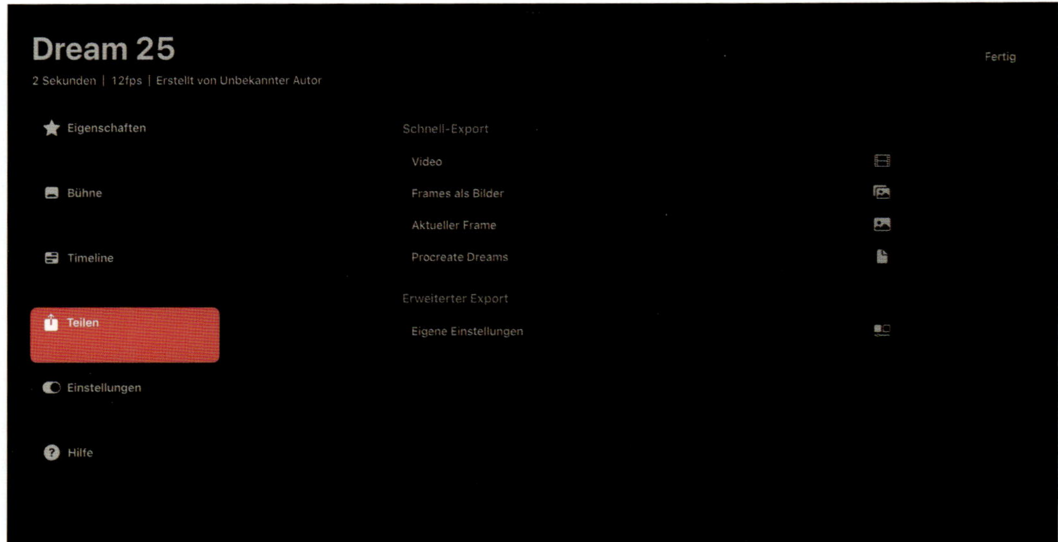

Unter EIGENE EINSTELLUNG findest du erweiterte Exporteinstellungen.

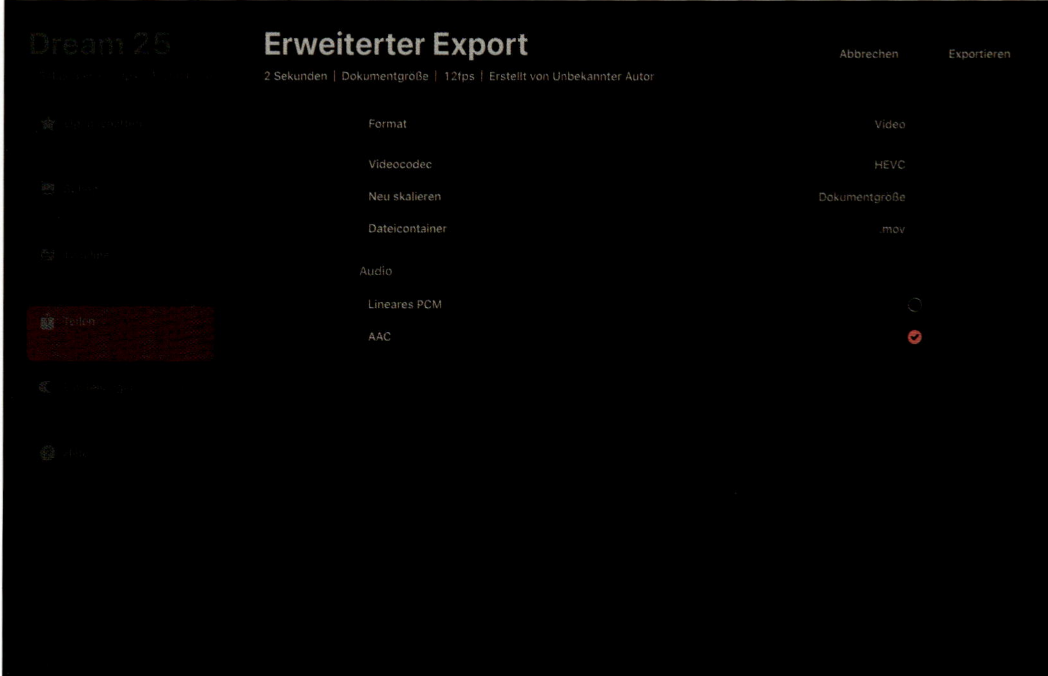

Du kannst hier zwischen dem Video- und dem Einzelbild-Format wählen und die Filmgröße neu einstellen. Ich speichere meine Videos immer über die SCHNELLEXPORT-Funktion ab. Diese verwendet ein klassisches MP4-Format, das sich gut auf Social Media teilen lässt.

In den Dokumenteinstellungen kannst du außerdem steuern, wie die Animation abgespielt werden soll: Hier kannst du zwischen UNENDLICH, PING PONG und ONE-SHOT wählen.

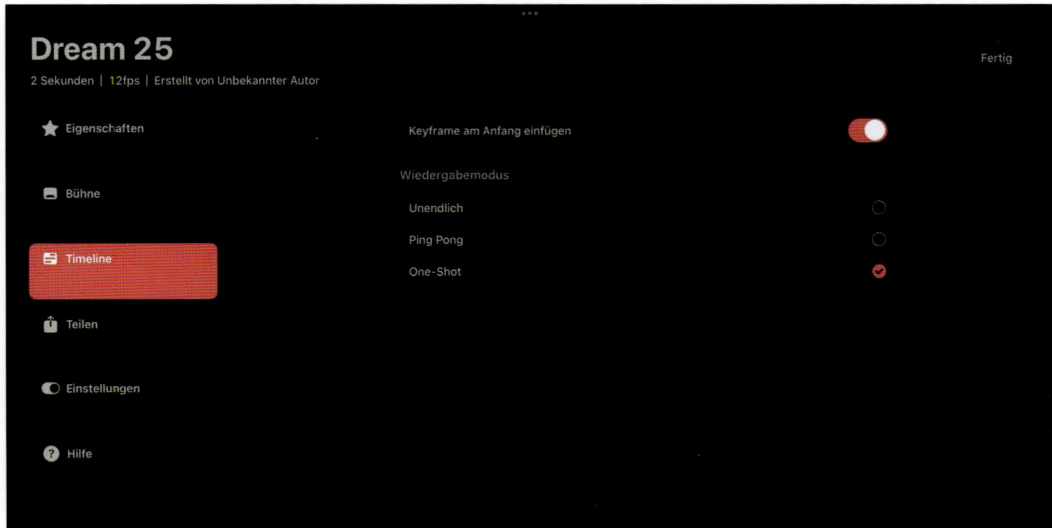

Unter EINSTELLUNGEN kannst du unter anderem das Verhalten des Apple Pencils unter DRUCK UND GLÄTTEN steuern.

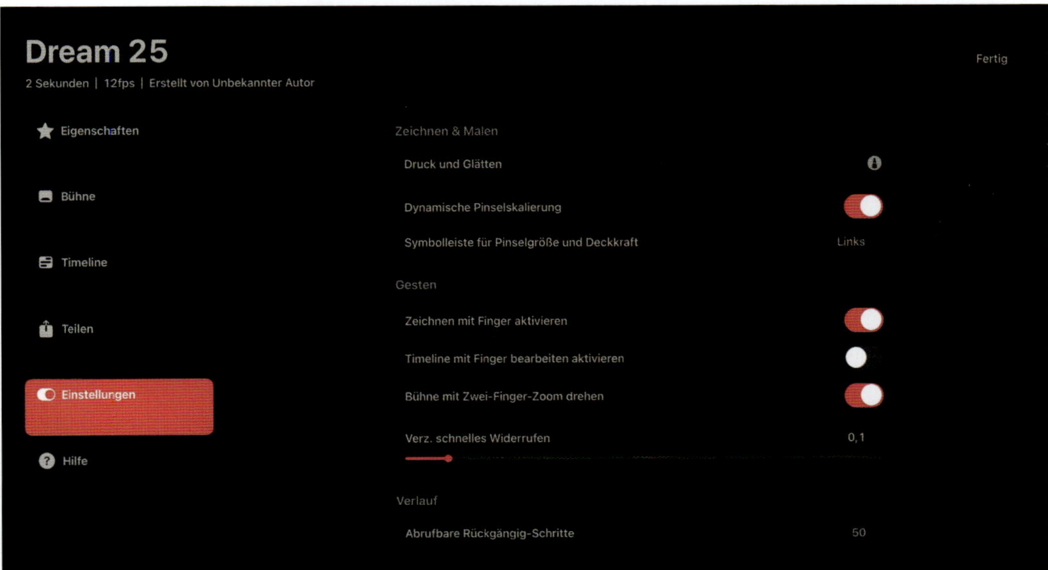

Kapitel 6

Make it Move! Einführungstutorials

Lass uns nun die ersten Bewegungen erstellen und dabei ganz nebenbei vieles über Animation lernen. In diesen ersten Übungen werden wir Zeit und Raum auf den Kopf stellen und uns den Weltraum einmal genauer anschauen. Freu dich auf startende Raketen, hüpfende Planeten, fliegende Kometen und einen Astronauten, der dir zuwinkt.

6.1 Über Timing und Spacing

Timing und Spacing sind zwei wichtige Konzepte in der Animation, die dazu beitragen, dass Bewegungen und Veränderungen in einem animierten Objekt flüssig und realistisch wirken.

Timing (Zeitablauf)

Timing bezieht sich auf die Geschwindigkeit, mit der sich ein Objekt in einer Animation bewegt oder verändert. Es bestimmt, wie lange eine Aktion dauert und wie schnell sie abläuft. Das Timing ist entscheidend, um die Bewegungen realistisch wirken zu lassen und um die Aufmerksamkeit des Betrachters zu lenken.

Spacing (Abstand)

Spacing bezieht sich auf die Position eines Objekts oder Charakters in jedem Frame einer Animation. Es betrifft den Abstand, den das Objekt in jedem Schritt seiner Bewegung zurücklegt. Durch das Steuern des Spacings kannst du die Beschleunigung und Verzögerung in der Animation bestimmen. Dies trägt dazu bei, dass die Bewegungen glatt und realistisch wirken.

Wenn sich ein Objekt schneller bewegen soll, wird das Spacing zwischen den Frames größer. Das heißt, du vergrößerst den Abstand der Objekte bzw. die zurückgelegte Strecke. Umgekehrt: Wenn es sich langsamer bewegen soll, setzt du das Spacing enger. Das heißt, du verkleinerst die zurückgelegte Strecke der Objekte.

Natürliche Bewegungen beginnen meist langsam und beschleunigen dann. Zum Ende hin wird die Bewegung wieder langsamer. Konkret bedeutet dies, dass zu Anfang und Ende einer Bewegung mehr Einzelbilder verwendet werden als in der Mitte. Man spricht hier auch von Ease-in bzw. Ease-in-out. Dabei startet die Animation langsam, wird am schnellsten in der Mitte und endet wieder langsam.

Die Kombination von Timing und Spacing ist entscheidend, um Animationen lebendig und überzeugend wirken zu lassen.

6.2 Projekt: Lerne Timing und Spacing mit einer Rakete in Procreate

Timing und Spacing versteht man am einfachsten, wenn man sie selbst ausprobiert.

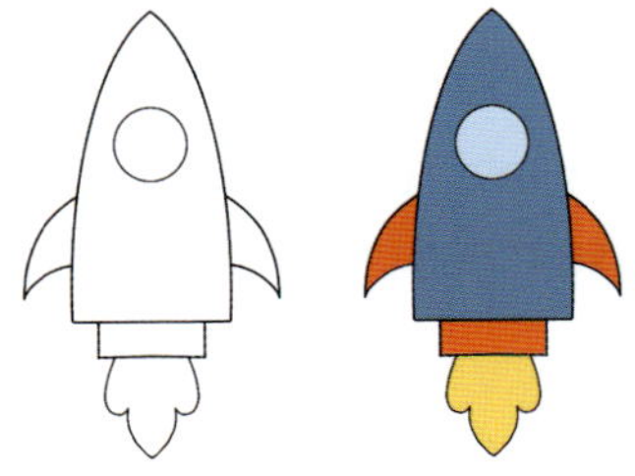

Schritt 1: Zeichne eine einfache Rakete. Starte mit der Zeichnung einer Rakete in *Procreate* auf die Ebene 1. Nimm dafür am besten den Monoline-Pinsel und nutze die Quickshape-Funktion, um die einzelnen Linien zu zeichnen. Setze die Rakete aus einfachen Ovalen, Rechtecken und Kreisen zusammen. Fülle die Outline im Anschluss mit Farbe.

Schritt 2: Aktiviere den Animationsassistenten. Schiebe die Rakete auf Ebene 1 mit dem Verschieben-Werkzeug an den Anfang deiner Zeichenfläche und dupliziere sie einmal über das Plus-Zeichen im Animationsassistenten. Verschiebe nun die Kopie (den 2. Frame) ein Stück weit nach oben. Wiederhole diesen Vorgang insgesamt 4 Mal und achte darauf, dass die einzelnen Raketen gleichmäßig verteilt werden.

Schritt 3: Spiele deine Animation ab.
Setze die Geschwindigkeit auf 8 Bilder pro Sekunde und wähle in den Einstellungen Ping-Pong. Du siehst nun, wie sich die Rakete gleichmäßig von oben nach unten bewegt.

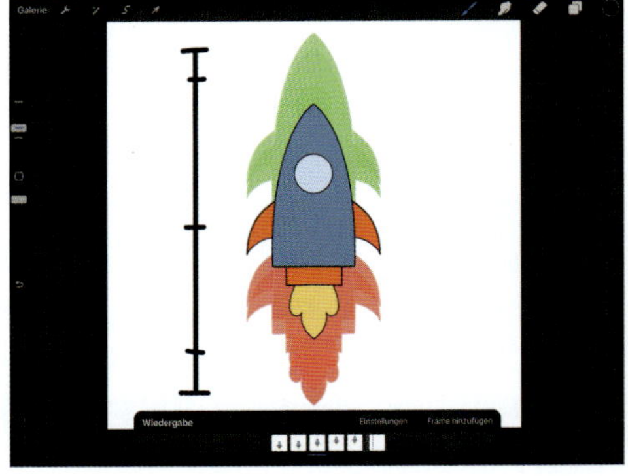

Schritt 4: Verändere das Spacing. Verteile deine bestehende Frames nun anders innerhalb deiner Timeline. Setze den zweiten näher zum ersten und den dritten näher zum vierten. Füge in der Mitte noch einen zusätzlichen Frame hinzu.

Wenn du nun die Animation abspielst, merkst du, wie deine Animation plötzlich dynamischer wirkt. Sie startet und endet nun langsamer. Die Beschleunigung findet in der Mitte statt.

Schritt 5: Finale Anpassungen. Ändere die Hintergrundfarbe in ein dunkles Blau, damit es so aussieht, als ob die Rakete im Weltall fliegt.

Schau dir die fertige Animation gerne auf *www.studio-umi.de/animationsbuch* an.

6.3 Projekt: Squash & Stretch mit hüpfenden Planeten in Procreate

Squash & Stretch bedeutet Stauchen und Dehnen. Diese Animationstechnik dient dazu, Bewegungen und Verformungen auf eine überspitzte, aber dennoch überzeugende Weise darzustellen.

Squash (Stauchen) bezieht sich auf das Verformen oder Stauchen eines Objekts oder Charakters, wenn es bzw. er auf einen anderen Gegenstand trifft oder auf den Boden aufprallt. Wenn beispielsweise ein Ball auf den Boden fällt, wird er in diesem Moment zusammengedrückt bzw. gestaucht, um die Auswirkungen des Aufpralls zu simulieren. Der Ball wird flacher und breiter.

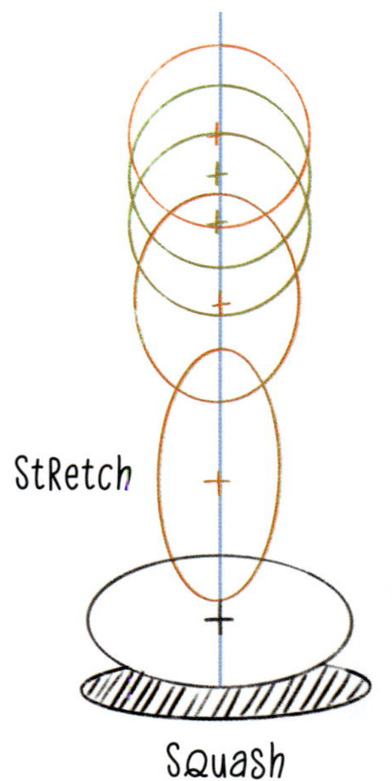

Stretch (Strecken) tritt auf, wenn sich ein Objekt dehnt oder streckt, um eine schnellere Bewegung oder eine Verlängerung darzustellen. Wenn der Ball, der auf den Boden gefallen ist, wieder in die Höhe springt, wird er gestreckt, um die Energie und Geschwindigkeit des Aufpralls zu vermitteln. Der Ball wird in die Länge gezogen.

Damit die Animation echt wirkt, behält der Körper, der sich verformt, immer sein Volumen. Der Ball kann nicht nur länger werden, sondern muss sich auch verschmälern. Je nachdem, wie stark man eine Figur staucht, wirkt der Gegenstand härter oder weicher. Eine Bowling-Kugel hüpft anders als ein Tennisball.

Setze das Projekt in Procreate um

Schritt 1: Zeichne einen Planeten. Starte mit der Zeichnung eines Kreises in *Procreate*. Nimm dafür am besten den Monoline-Pinsel und nutze die Quickshape-Funktion, um den Kreis rund zu bekommen. Fülle den Kreis mit der Farbe deiner Wahl und aktiviere dann auf dieser Ebene die Alphasperre, indem du mit zwei Fingern nach links wischst. Male mit einer zweiten Farbe ein Muster in deinen Kreis, damit er aussieht wie ein Planet.

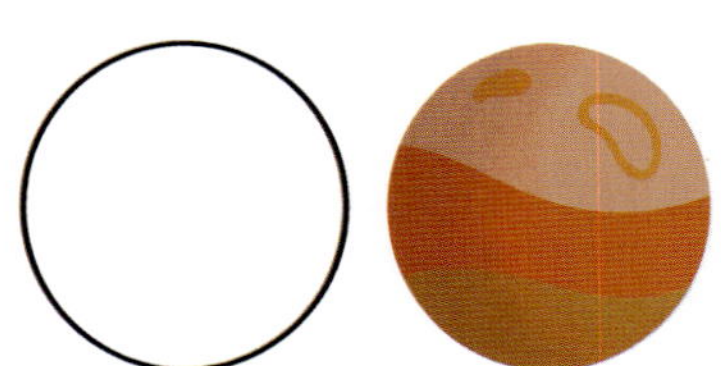

Schritt 2: Aktiviere den Animationsassistenten. Aktiviere den Animationsassistenten und dupliziere den ersten Planeten einmal. Verschiebe ihn ein Stück weit nach unten. Achte darauf, das EINRASTEN aktiviert ist, damit du die Mittellinie sehen kannst und beim Verschieben alles gerade bleibt. Dupliziere nun den Planeten, den du gerade verschoben hast, erneut und schiebe ihn ein Stück weiter nach unten.

Schritt 3: Schieben und Strecken. Nun fängst du an, den 3. Frame etwas zu strecken, indem du das Auswahlwerkzeug auf FREIFORM stellst und links und rechts etwas zusammenziehst. Dupliziere anschließend den 3. Frame und bewege ihn weiter nach unten. Dupliziere Frame Nummer 4 und strecke diesen nun extrem in die Länge. Achte dabei darauf, die Seiten etwas zusammenzuziehen.

Schritt 4: Stauchen. Als nächstes duplizierst du den 1. Frame und fügst ihn an die letzte Stelle durch Halten und Ziehen. Bewege diesen Frame nun ganz nach unten. Dies ist nun der 6. Frame.

Der 7. Frame sollte komplett gestaucht werden. Dupliziere dafür den 6. und stauche ihn durch das Auswahlwerkzeug so, dass der Planet nun aussieht wie ein liegendes Oval.

Schritt 5: Der Loop. Dupliziere nun noch die bereits geänderten Frames und schiebe sie an die richtige Stelle, um einen unendlichen Loop zu bekommen. Frame 8 ist also eigentlich Frame 6, Frame 9 ist der duplizierte Frame 5 usw.

Schritt 6: Finale Anpassungen. Spiele die Animation bei 12 Bildern pro Sekunde ab. Auch hier kannst du den Hintergrund wieder dunkelblau einfärben. Setze die Haltedauer in den Frame-Optionen bei Frame Nummer 1 auf »1«, um eine kurze Pause in der Luft zu erreichen.

6.4 Unterschiedliche Animationsmethoden

Straight Ahead und Pose-to-Pose sind zwei verschiedene Ansätze in der Animation, die sich auf die Art und Weise beziehen, wie Animatorinnen und Animatoren Bewegungen erstellen.

Meteorit – Straight-Ahead-Animation in Procreate

Bei der Straight-Ahead-Animation erstellt man eine Sequenz, indem jedes Bild oder Frame in chronologischer Reihenfolge nacheinander gezeichnet wird. Das bedeutet, dass die Bewegung »geradewegs« oder kontinuierlich erstellt wird, indem sie von Anfang bis Ende voranschreitet. Dieser Ansatz führt zu einer fließenden und spontanen Bewegung. Damit du das Prinzip besser verstehen kannst, lass uns nun einen Kometen zum Fliegen bringen. Dabei soll der Komet wild über die Zeichenfläche schweben.

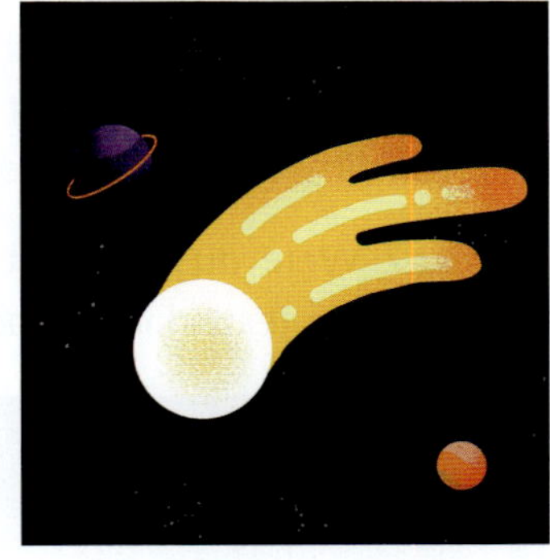

Schritt 1: Öffne *Procreate* und erstelle ein Dokument mit 1080x1080 Pixeln. Stelle die Hintergrundfarbe in einen dunklen Blauton ein. Zeichne dann mit dem Monoline-Pinsel ein paar Sterne und Planeten auf Ebene 1.

Schritt 2: Erstelle eine zweite leere Ebene darüber und zeichne darauf eine geschwungene Linie. Diese Linie dient uns als Referenz für die Bewegung. Wenn du möchtest, kannst du dir dort bereits markieren, wo du die einzelnen Kometen zeichnen möchtest.

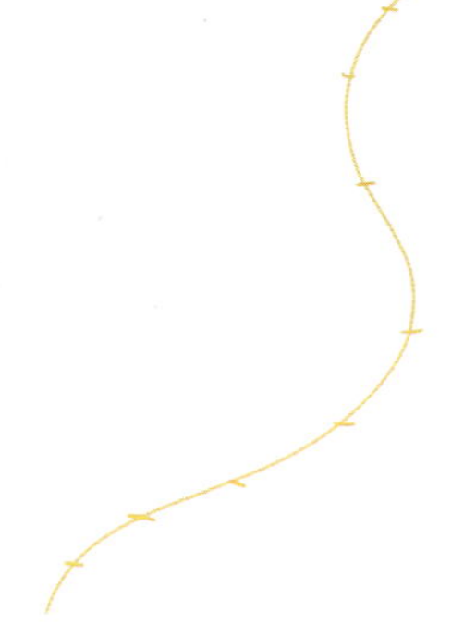

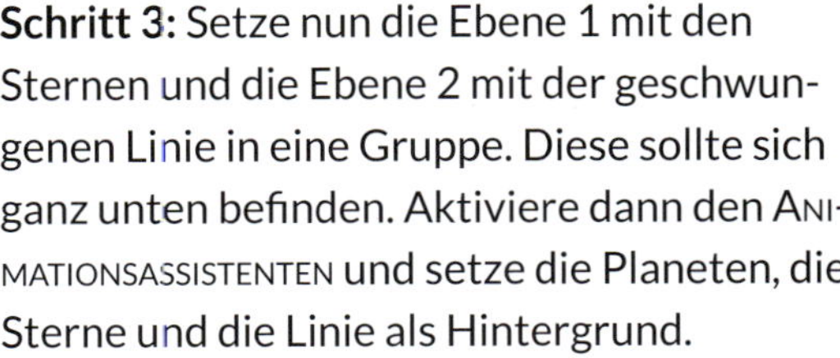

Schritt 3: Setze nun die Ebene 1 mit den Sternen und die Ebene 2 mit der geschwungenen Linie in eine Gruppe. Diese sollte sich ganz unten befinden. Aktiviere dann den Animationsassistenten und setze die Planeten, die Sterne und die Linie als Hintergrund.

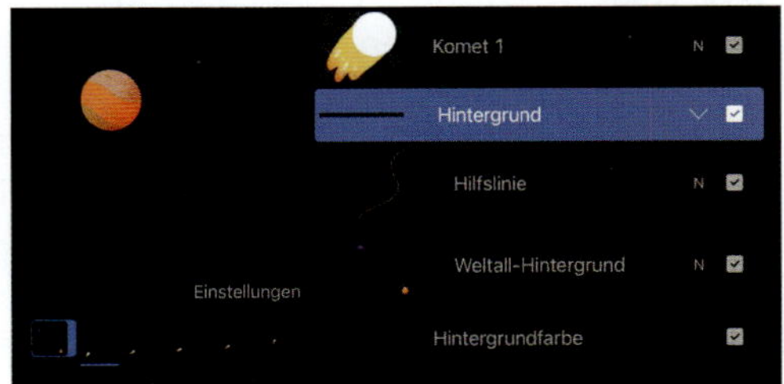

Schritt 4: Erstelle nun einen neuen Frame und zeichne darauf ganz unten auf der Linie den ersten Kometen. Zeichen am besten zunächst eine länger gezogene organische Form in Gelb und setze darauf im Anschluss einen weißen Kreis.

Schritt 5: Erstelle nun einen neuen leeren Frame und zeichne die Form nun noch einmal, nur dieses Mal etwas verändert und etwas weiter weg.

Schritt 6: Zeichne den Kometen immer wieder neu und setze dabei die Abstände unterschiedlich. Beachte: Je näher du die Frames aneinandersetzt, desto langsamer wird die Bewegung. Je weiter weg sich die einzelnen Frames befinden, desto schneller wird die Bewegung. Hier kommt es nicht auf Perfektion an. Setze einfach wild einen Frame nach dem anderen direkt auf die Zeichenfläche.

Schritt 7: Wenn du fertig bist, fügst du am Anfang und am Ende noch einen neuen leeren Frame hinzu. Teste dann deine Animation bei 12 Bildern pro Sekunde.

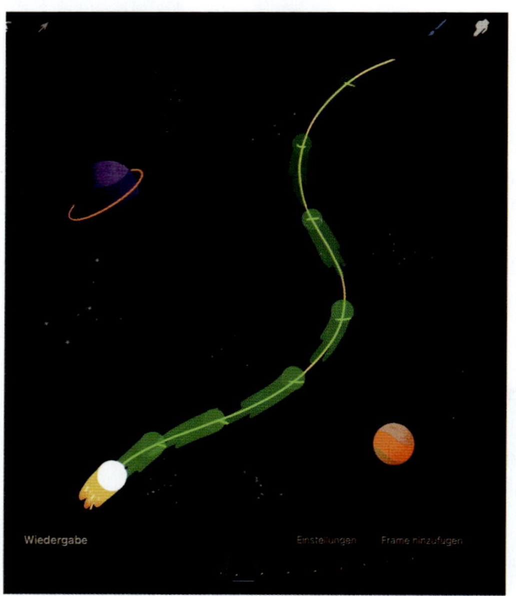

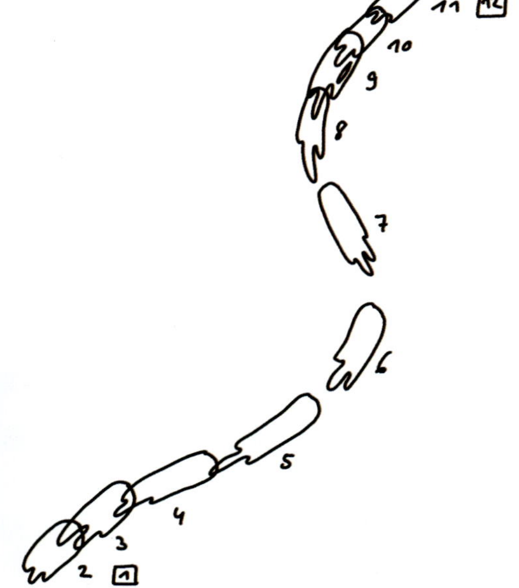

Meteorit – Straight-Ahead-Animation in Procreate Dreams

Die Meteoriten-Übung kannst du auch ganz wunderbar in *Procreate Dreams* umsetzen.

Schritt 1: Öffne *Procreate Dreams* und erstelle ein Dokument im 4K Quadrat. Stelle die Framerate auf 12 Bilder pro Sekunde und setze die Animation auf 2 Sekunden. Für 2 Sekunden Film benötigst du jetzt also 24 Einzelbilder.

Schritt 2: Stelle die Hintergrundfarbe in den Bühnen-Optionen in ein dunkles Blau ein. Wähle dann Zeichnen aus und zeichne auf die erste Spur ein paar Planeten und Sterne.

Schritt 3: Erstelle nun eine neue Spur darüber: Klicke auf + und wähle den Monoline-Pinsel. Zeichne die Bewegungslinie für den Meteoriten auf diese neue Spur. Wähle hier am besten einen gelben Ton. Verlängere im Anschluss die beiden Spuren bis zum Ende der Timeline.

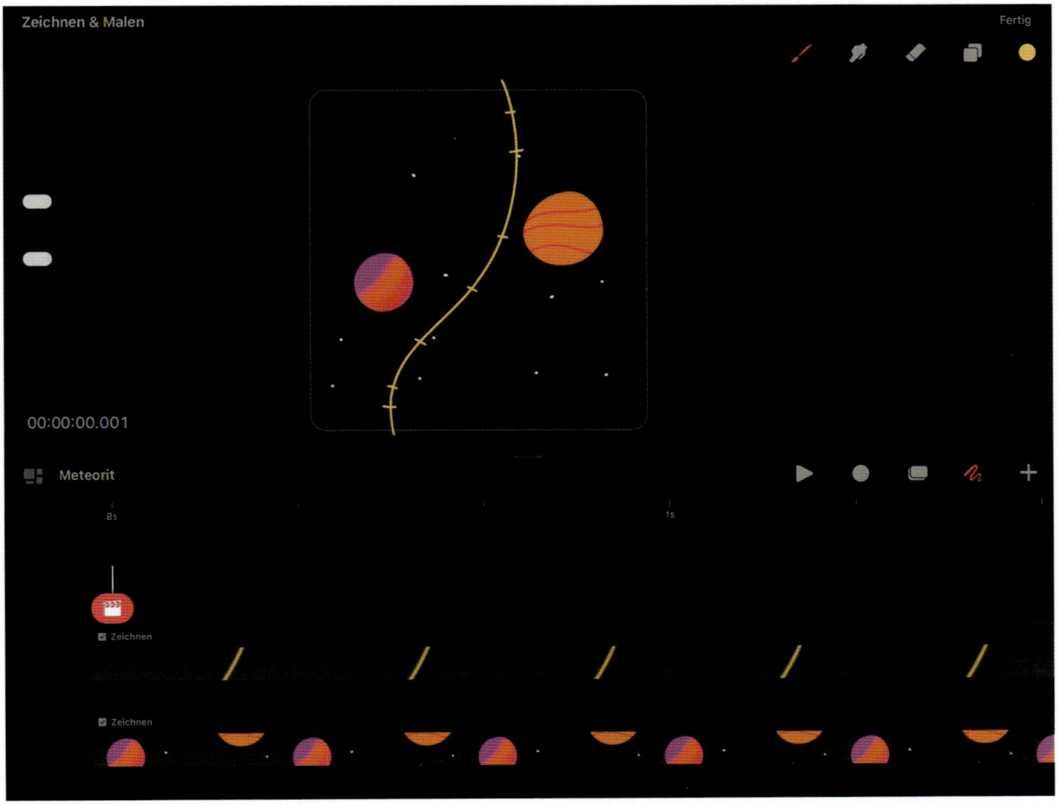

Schritt 4: Erstelle eine dritte Spur und ziehe die Bühne im ZEICHNEN-Modus nach unten. Nun öffnet sich das Daumenkino. Im Daumenkino-Modus kannst du den Meteoriten Frame für Frame entlang deiner Linie setzen.

Tipp: Wenn du ungefähr 12 einzelne Bilder für die Bewegung des Meteoriten ansetzt, sieht die Bewegung im Anschluss wunderbar flüssig aus. Schalte auch unbedingt die Zwiebelschicht ein. Diese Einstellung findest du in den Bühnen-Optionen.

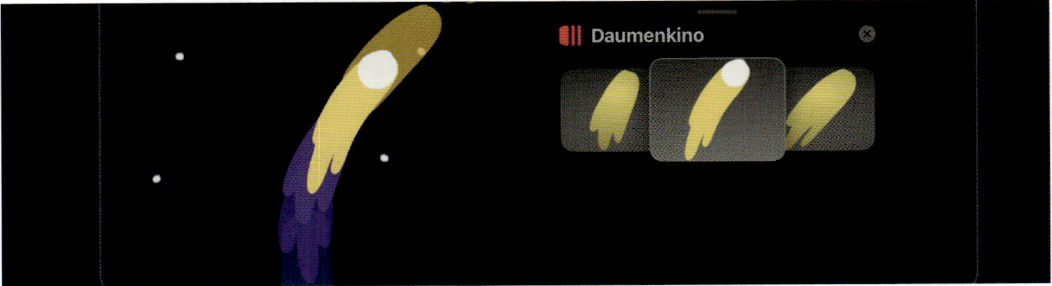

Schritt 5: Verlasse das Daumenkino und spiele deine Animation mithilfe des PLAY-Buttons einmal ab. Schalte den Haken bei der Ebene mit der Hilfslinie aus, um diese unsichtbar zu machen. Fertig ist deine Meteoriten-Animation.

Animiere einen winkenden Astronauten in Procreate – Pose-to-Pose-Animation

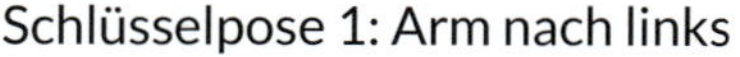

Schlüsselpose 1: Arm nach links

Schlüsselpose 2: Arm nach rechts

Bei der Pose-to-Pose-Technik (auch Schlüsselbildanimation genannt) zeichnest du die Schlüsselbilder (Keyframes) zuerst. Ganz oft sind diese der Anfang und das Ende einer Bewegung. Sobald die Schlüsselbilder fertig sind, zeichnest du die Bilder dazwischen (Inbetweens), um den Rest der Animation zu füllen. Du zeichnest also nicht einfach darauf los wie bei der Straight-Ahead-Technik, sondern planst deine Animation Schritt für Schritt. In den folgenden Übungen wirst du mit der Pose-to-Pose-Technik arbeiten.

Schritt 1: Öffne *Procreate* und erstelle ein Dokument mit 1080x1080 px. Stelle die Hintergrundfarbe in einen dunklen Blauton ein. Zeichne dann Schritt für Schritt einen Astronauten mit einer weißen Outline. Der Körper besteht aus einem Oval und der Helm ebenfalls. Fülle die Formen mit Farbe.

Schritt 2: Achte darauf, dass Körper und Arm auf unterschiedlichen Ebenen sind. Aktiviere den Animationsassistenten und setze den Astronautenkörper in den Hintergrund. Du bewegst jetzt nur den Arm.

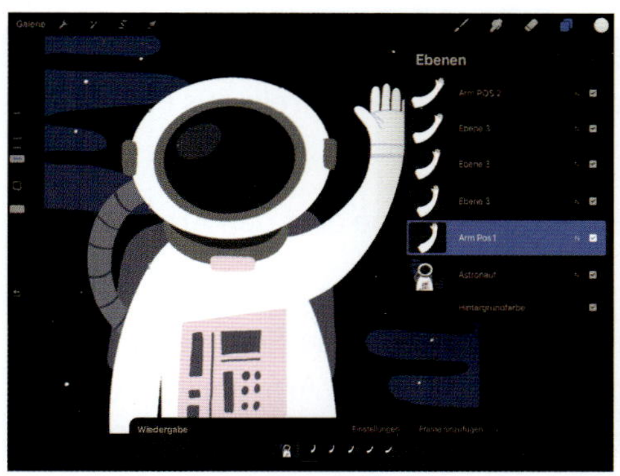

Schritt 3: Dupliziere dir den Arm auf Frame 1 und bewege ihn mithilfe des Verschieben-Pfeiles weiter nach rechts in die 2. Schlüsselposition.

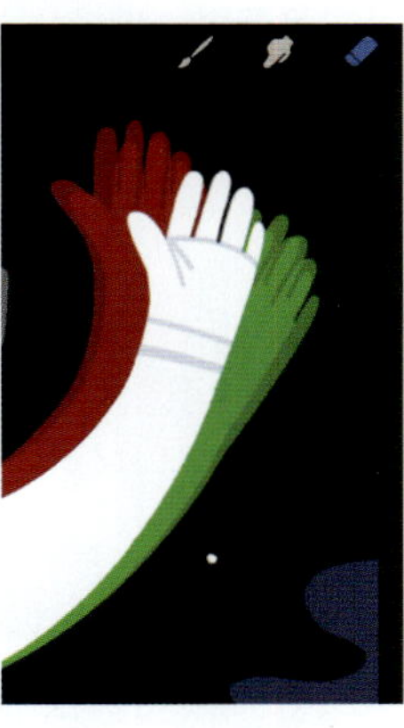

Schritt 4: Setze nun noch 3 Inbetweens mit dazu. Am Ende hast du dann 5 Frames. Achte darauf, dass du die Hände am Anfang und am Ende dichter aneinander zeichnest. Setze dann in den Einstellungen die Animation auf Ping-Pong, damit der Astronaut hin und her winkt. Teste deine Animation bei 12 Bildern pro Sekunde.

Einstellungen

Unendlich

Ping-Pong ✓

One Shot

Animiere einen winkenden Astronauten in Procreate Dreams

Schritt 1: Öffne Procreate Dreams und erstelle ein Dokument im 4K Quadrat. Stelle die Framerate auf 12 Bilder pro Sekunde und setze die Animation auf 2 Sekunden.

Schritt 2: Importiere den Astronautenkörper ohne Arm direkt aus Procreate in dein Dreams-Dokument oder zeichne ihn dort neu.

Schritt 3: Erstelle nun einen neue Spur und importiere oder zeichne dort den Arm.

Schritt 4: Am einfachsten ist es in diesem Fall, den Arm mit Keyframes zu bewegen. Setze dafür am Anfang der Timeline einen Bewegen und skalieren-Keyframe. Springe zu 9 (00:00:00:009) und setze dort einen neuen Keyframe. Drehe hier den Arm um »-14«. Setze einen weiteren Keyframe im gleichen Abstand. Bei mir ist das bei Punkt 00:00:01:005. Setze dort die Drehung wieder auf »0«. Spiele deine Animation ab.

Schritt 5: Alternativ kannst du nun auch den Arm auf einer neuen Spur im Daumenkino-Modus zeichnen.

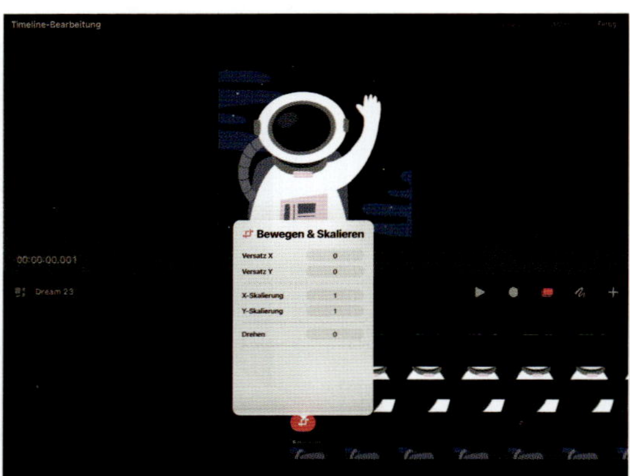

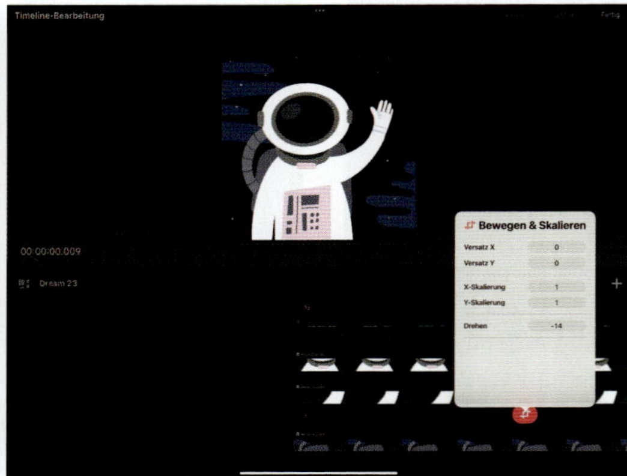

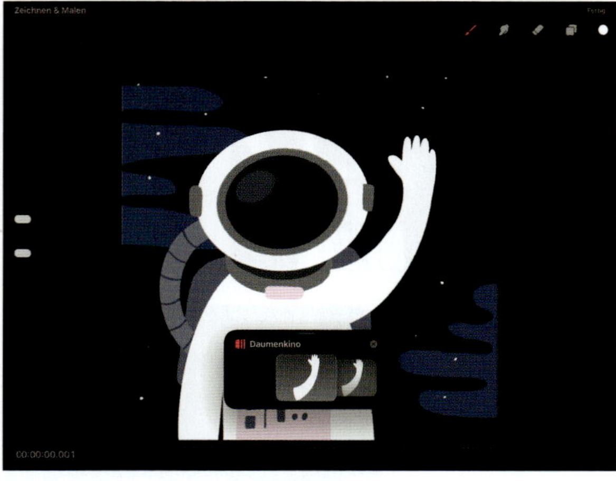

Kapitel 7

Spannende Bewegungsabläufe im Tierreich

7.1 Tiere einfach zeichnen

Bevor du Tiere und ihre typischen Bewegungen animieren kannst, müssen die Tiere erst einmal gezeichnet werden. Tiere zeichnen ist gar nicht schwer, wenn du weißt wie.

Die meisten Tiere kannst du aus einfachen Grundformen zusammensetzen. Such dir am besten im Internet Referenzbilder und versuche, das jeweilige Tier in einfache Grundformen herunterzubrechen.

Ein Corgi besteht dann zum Beispiel aus verschiedenen Kreisen und Ellipsen.

7.2 Animationsanleitung: So schwimmt ein Fisch

Fischanimation in Procreate

Im ersten Projekt lernst du, einen Fisch zu zeichnen und zu animieren.

Schritt 1: Öffne *Procreate* und erstelle ein Dokument mit 1080x1080 px. Zeichne nun mit dem 6B-Stift eine Fisch-Skizze auf die erste Ebene. Verkünstle dich in diesem Schritt nicht, sondern starte möglichst einfach.

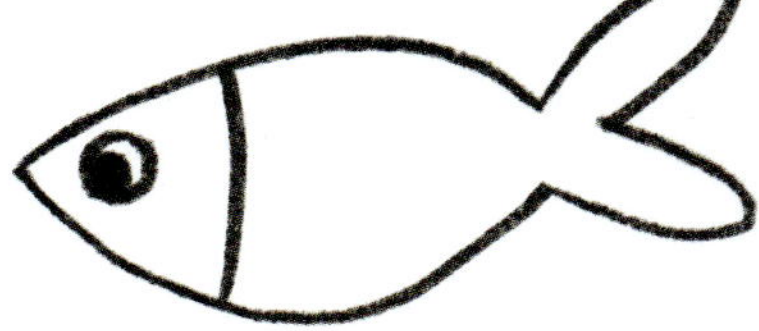

Schritt 2: Erstelle über das + im Ebenenmenü eine neue Ebene und wechsle in den Monoline-Pinsel. Du kannst die Deckkraft deiner Skizze nun über N > Zeichnen etwas transparenter machen und auf der Ebene 2 den Fischkörper ohne Schwanzflosse nachzeichnen. Schließe die Form und fülle die Ebene mit einer Farbe deiner Wahl. Füge anschließend noch Details wie ein Auge auf derselben Ebene hinzu.

Schritt 3: Erstelle eine 3. Ebene und zeichne auf diese nun die Schwanzflosse in derselben Farbe wie der Körper. Verwende hier ebenfalls den Monoline-Pinsel und fülle die Form mit der Farbe des Fischkörpers.

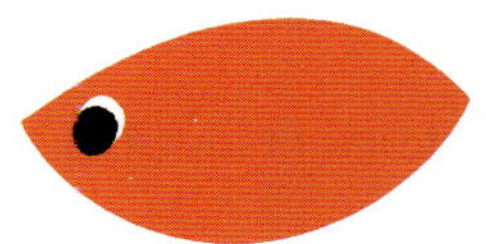

Schritt 4: Wenn du zufrieden bist, kannst du jetzt deine Skizze auf Ebene 1 löschen. Füge dann den Körper und die Schwanzflosse in eine Gruppe zusammen. Tippe dafür auf Ebene 2 und wische auf Ebene 3 schnell nach rechts. Oben rechts kannst du nun auf Gruppe klicken.

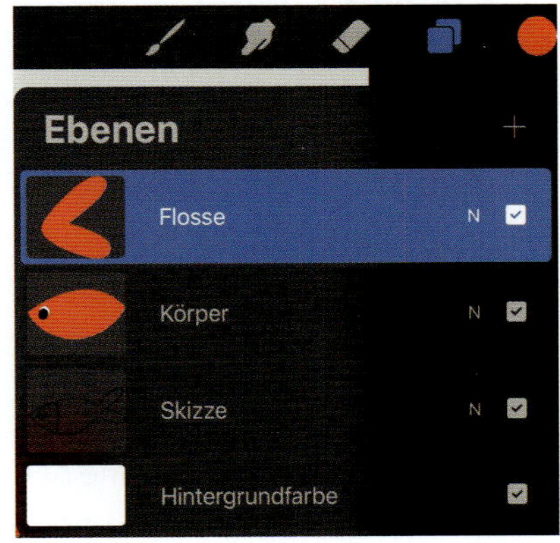

Schritt 5: Aktiviere nun den Animationsassistenten und dupliziere den ersten Frame mithilfe der Frame-Optionen.

Schritt 6: Öffne nun die 2. Gruppe und navigiere zu der Ebene mit der Schwanzflosse. Klicke auf das Transformieren-Werkzeug und wähle hier Verzerren aus. Verzerre nun die Schwanzflosse so, dass du sie etwas stauchst und auseinander ziehst.

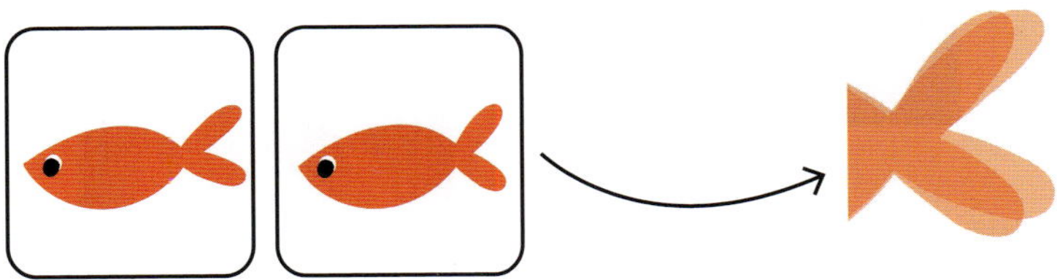

Schritt 7: Dupliziere den 2. Frame und öffne in der Gruppe wieder die Schwanzflossen-Ebene. Verzerre die Flosse noch weiter nach außen.

Schritt 8: Dupliziere nun noch einmal den 2. Frame und schiebe ihn an die letzte Stelle.

Schritt 9: Spiele die Animation nun bei 6 Bildern pro Sekunde ab.

Schritt 10: Um den Fisch noch dynamischer schwimmen zu lassen, kannst du den Fischkörper jetzt auf Frame 2, 3 und 4 noch etwas nach unten drehen. Aktiviere hierfür die Zwiebelschicht. Starte bei Frame 2 und bewege den Fischkörper mithilfe des Transformieren-Werkzeugs ein wenig nach unten. Auf Frame 3 drehst du den Fischkörper noch weiter nach unten und auf Frame 4 drehst du den Fisch wieder in Richtung Ausgangsposition.

Schritt 11: Teste deine Animation und passe den Hintergrund an.

Fischanimation in Procreate Dreams

Schritt 1: Öffne *Procreate Dreams* und erstelle ein Dokument im 4K Quadrat. Stelle die Framerate auf 12 Bilder pro Sekunde und setze die Animation auf 2 Sekunden. Für 2 Sekunden Film benötigst du jetzt also 24 Einzelbilder. Keine Sorge! Wir müssen auch in *Dreams* nur 4 Frames erstellen und werden diese dann clever duplizieren.

Schritt 2: Wähle Zeichnen aus und zeichne auf die erste Spur mit dem 6B-Stift eine Fisch-Skizze. Verkünstle dich nicht, sondern starte möglichst einfach.

Schritt 3: Erstelle nun eine neue Spur darüber über das + und wähle den Monoline-Pinsel. Zeichne den Fischkörper auf diese neue Spur. Füge ein Auge und Details hinzu, wenn du möchtest.

Schritt 4: Erstelle wieder eine neue Spur darüber und wische deine Bühne nach unten, um in den Flipbook-Modus zu kommen. Zeichne nun eine Flosse auf den 1. Frame.

Schritt 5: Springe auf den 2. leeren Frame und aktiviere in den Bühnen-Optionen die Zwiebelschicht. Zeichne die Flosse auf diesem Frame erneut, nur etwas in die Länge gezogen.

Schritt 6: Springe nun zu Frame 3 und zeichne diese Flosse nun stark verkürzt.

Schritt 7: Springe zu Frame 4 und zeichne die Flosse wie in Frame 2.

Schritt 8: Dupliziere nun im Daumenkino die Frames 1, 2, 3 und 4, damit du jeden Frame doppelt hintereinander hast. Jetzt kannst du den Flipbook-Modus verlassen.

Schritt 9: Gehe in den Timeline-Bearbeitungsmodus, wähle mit deinem Apple Pencil die 8 Frames aus und füge sie zu einer Gruppe zusammen. Dupliziere diese Gruppe anschließend drei Mal. Jetzt kannst du die Ebene mit deiner Skizze über den Haken ausschalten oder gleich ganz löschen.

Schritt 10: Schau dir deine Animation an. Wenn du magst, kannst du nun die Hintergrundfarbe in den Bühnen-Optionen in einen Blauton ändern.

7.3 Animationsanleitung: So fliegt ein Vogel

Vogelanimation in Procreate

Lass uns nun lernen, wie man einen Vogelflug in *Procreate* animiert.

Schritt 1: Öffne Procreate und erstelle ein Dokument mit 1080x1080 px. Zeichne nun mit einem Skizzen-Stift deiner Wahl eine Vogel-Skizze auf die erste Ebene. Lass die Flügel in diesem Schritt nach unten hängen.

Schritt 2: Bereite den Vogel für die Animation vor. Erstelle eine neue Ebene über deiner ersten Skizze und zeichne mit dem Monoline-Pinsel die Form des Vogelkörpers nach. Fülle die Form mit Farbe und füge Details wie ein Auge und einen Schnabel hinzu. Das geht am besten mithilfe der Alphasperre.

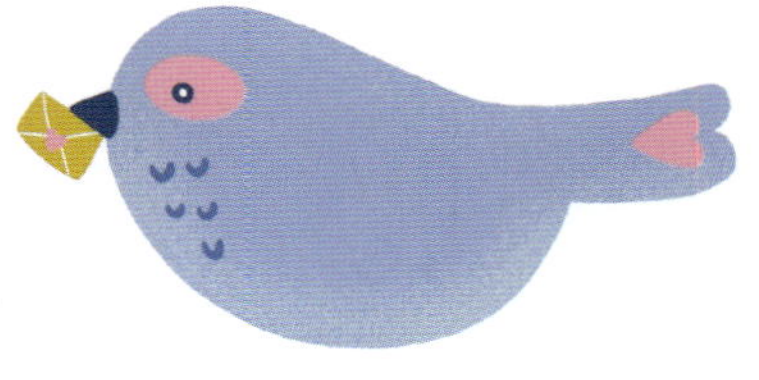

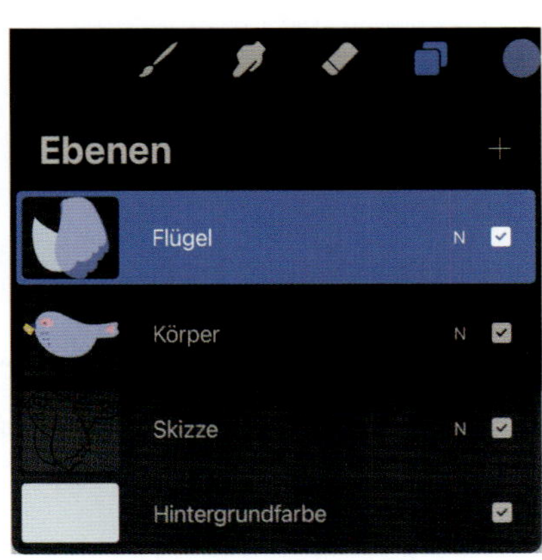

Schritt 3: Füge nun alle 3 Ebenen zu einer Gruppe zusammen und schalte die Skizzen-Ebene aus oder lösche sie.

Schritt 4: Dupliziere die Gruppe und aktiviere den Animationsassistenten.

Schritt 5: Zeichne nun die 2. Schlüsselposition. Lösche die Flügel aus der Gruppe, erstelle eine neue Ebene und zeichne die Flügel nun ganz oben.

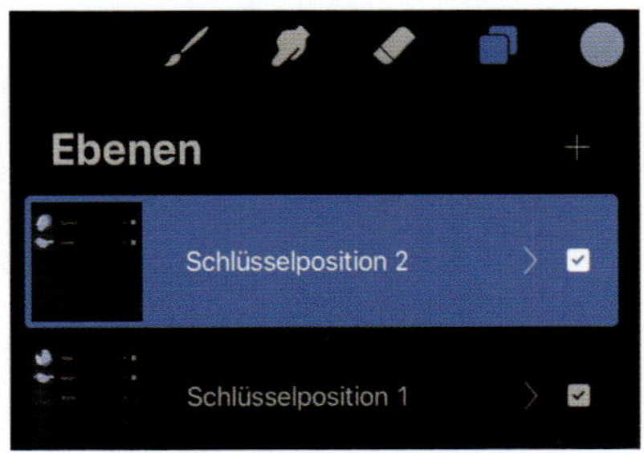

Schritt 6: Füge nun Inbetweens, also Zwischenbilder, hinzu, damit der Vogel fliegen kann. Dupliziere die 1. Gruppe und zeichne dort die Flügel leicht angewinkelt.

Schritt 7: Füge nun weitere 2 Inbetweens hinzu. Dupliziere dafür Frame 2 (Gruppe 2) und zeichne die Flügel noch angewinkelter und in dem Moment, kurz bevor die Flügel hochgehen.

Schritt 8: Jetzt duplizierst du den 4. Frame und änderst die Flügel so, dass sie noch ein Stück weiter hoch gehen. Das erzeugt einen Moment der Ruhe.

Schritt 9: Nun fehlen nur noch zwei Schlüsselbilder, die wieder zur Ausgangsposition führen. Gehe hier wieder so vor wie in den Schritten zuvor.

Schritt 10: Teste deine Animation bei 12 Bildern pro Sekunde. Verändere noch die Position des Vogels. Setze dafür Frame 4 weiter nach unten und passe die restlichen Vögel in der Höhe an. Wenn du möchtest, kannst du nun noch die Hintergrundfarbe in einen Blauton wechseln.

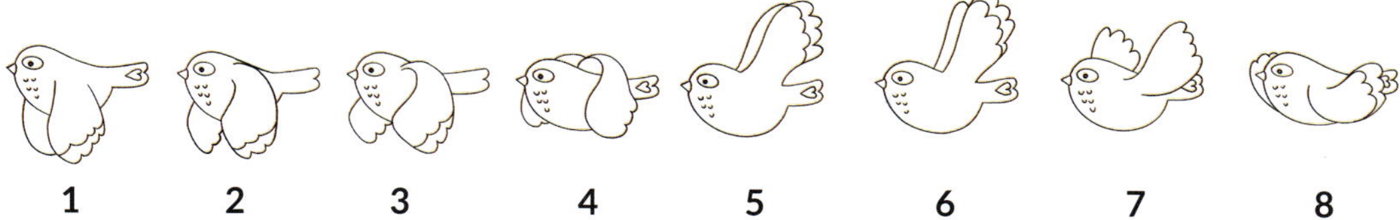

Vogelanimation in Procreate Dreams

Schritt 1: Öffne *Procreate Dreams* und erstelle ein Dokument im 4K QUADRAT. Stelle die Framerate auf 12 Bilder pro Sekunde und setze die Animation auf 2 Sekunden.

Schritt 2: Zeichne die Vogelskizze auf Spur 1 und erstelle darüber eine neue Spur. Auf diese neue Spur zeichnest du den Körper und die Details.

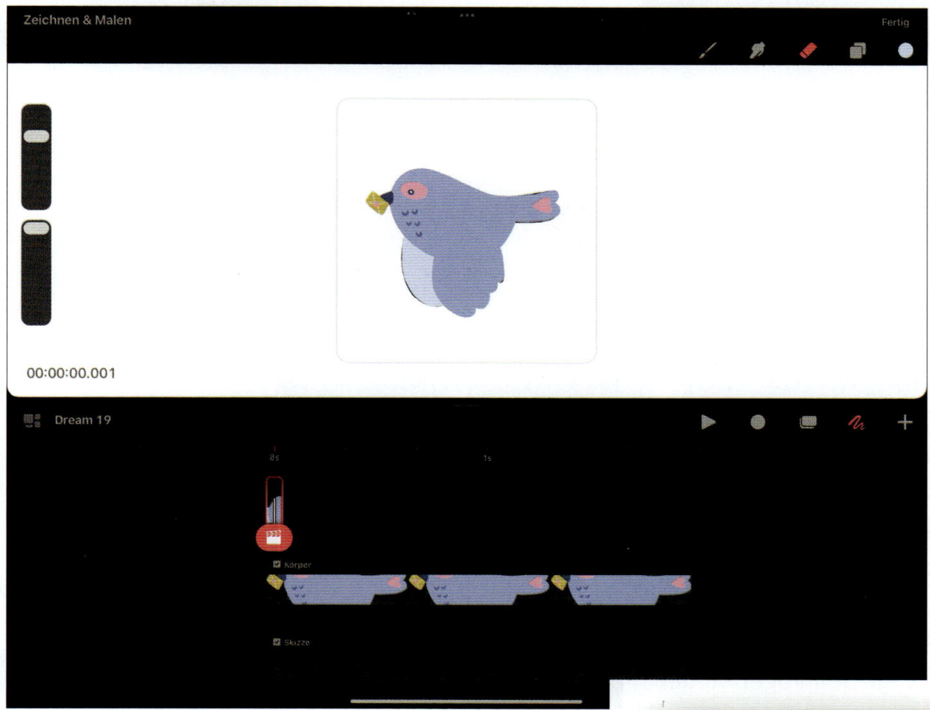

Schritt 3: Erstelle eine 3. Spur und aktiviere das Daumenkino. Zeichne nun auf diese Spur die Flügel in der 1. Position auf Frame 1.

Schritt 4: Springe nun im Daumenkino auf den Frame 5 und zeichne die Flügel ganz nach oben.

Schritt 5: Zeichne auf den Frames davor die Inbetweens dazu.

Schritt 6: Zeichne anschließend auf Frame 6-8 die Inbetweens dazu.

Schritt 7: Gehe in den Timeline-Bearbeitungsmodus und wähle mit deinem Apple Pencil die 8 Frames aus und füge sie zu einer Gruppe zusammen. Dupliziere diese Gruppe anschließend drei Mal. Jetzt kannst du die Ebene mit deiner Skizze über den Haken ausschalten, oder gleich ganz löschen und deine Animation anschauen.

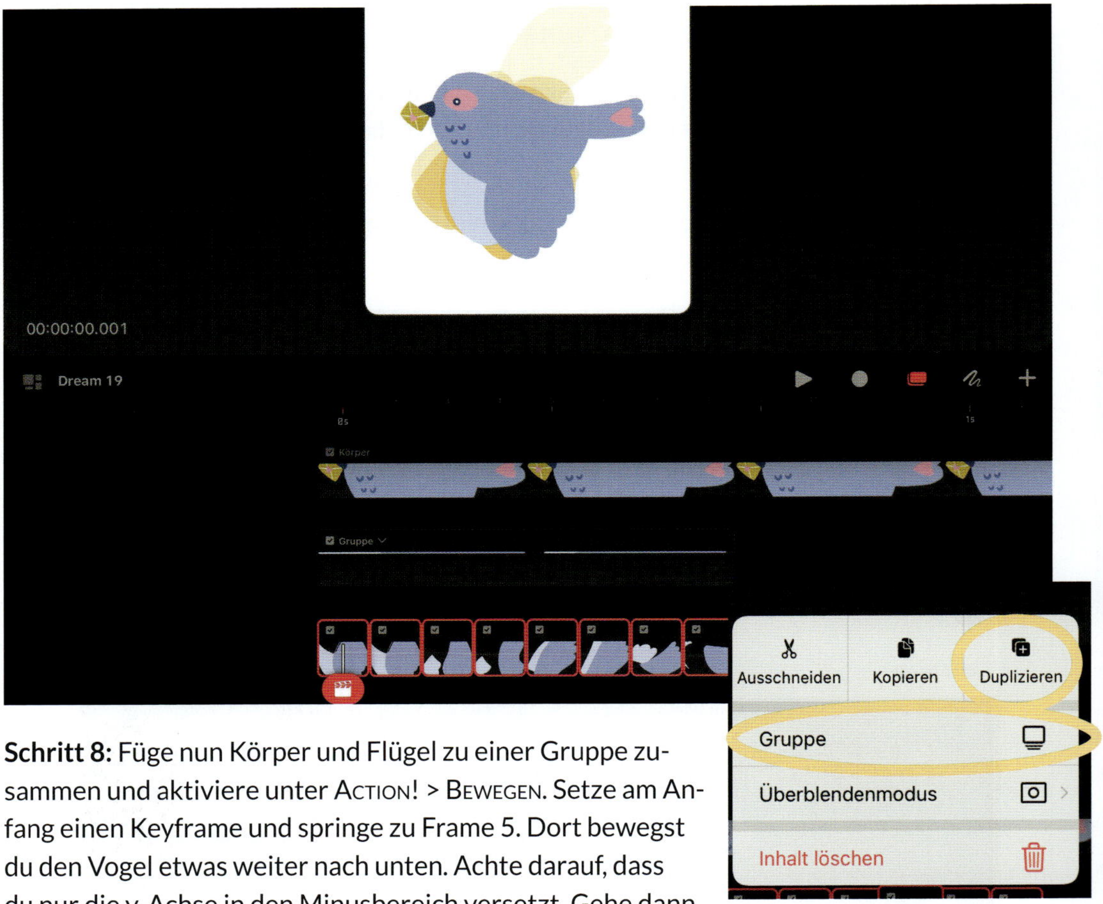

Schritt 8: Füge nun Körper und Flügel zu einer Gruppe zusammen und aktiviere unter Action! > Bewegen. Setze am Anfang einen Keyframe und springe zu Frame 5. Dort bewegst du den Vogel etwas weiter nach unten. Achte darauf, dass du nur die y-Achse in den Minusbereich versetzt. Gehe dann weiter zu 009 in der Zeitleiste und bewege den Vogel wieder nach oben. Wiederhole dies bis ans Ende deiner Spur.

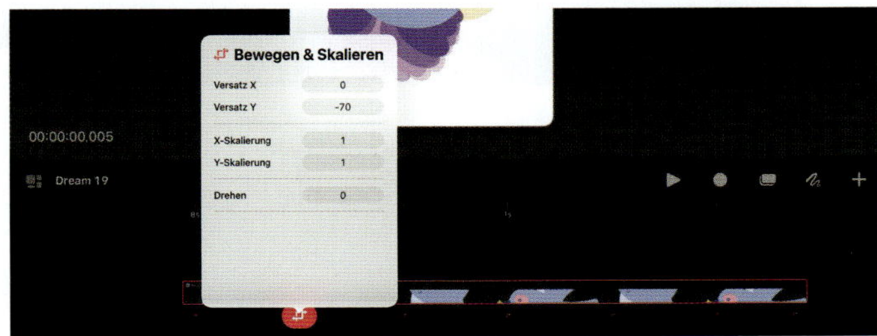

7.4 Animationsanleitung: So hüpft ein Hase

Hasenanimation in Procreate

In diesem Projekt lassen wir einen Hasen hüpfen. Dabei solltest du beachten, wie flexibel Tiere sind. In den Extrempositionen können sie sich extrem weit strecken und ganz klein zusammenfalten.

Die zwei Schlüsselpositionen des Hasenprojektes zeigen, wie der Hase von einer gestreckten, konkaven Form in eine gestauchte, konvexe Form wechselt. Mit diesen zwei Extrempositionen werden wir starten.

Schritt 1: Öffne *Procreate* und erstelle ein Dokument mit 1080x1080 px. Zeichne nun mit einem Skizzen-Stift deiner Wahl eine Hasen-Skizze auf die erste Ebene. Starte mit der Keyposition, in der der Hase beide Beine zusammenbringt und sich in der gestauchten konvexen Form befindet.

Schritt 2: Wir werden nun nach und nach die restlichen Positionen skizzieren. Hier siehst du die Reihenfolge der einzelnen Frames. Aktiviere nun den Animationsassistenten.

Schritt 3: Erstelle einen zweiten Frame und zeichne darauf die 2. Schlüsselposition. Der Hase ist wirft nun beide Beine von sich und befindet sich in der Luft.

Schritt 4: Springe zu Frame 1 und erstelle danach einen neuen leeren Frame. Darauf zeichnest du das Inbetween Nummer 3.

Schritt 5: Füge nun zwischen Frame 1 und 3 und zwischen Frame 3 und 5 jeweils einen neuen leeren Frame hinzu und zeichne darauf die weiteren Inbetweens.

Schritt 6: Nun folgen noch Frame 6, 7 und 8, damit die Bewegung komplett ist. Der Hase muss nun wieder zur Ausgangsposition zurückkommen. Dafür duplizierst du dir einmal Frame 5 und bewegst den Hasen leicht nach unten. Danach erstellst du einen neuen leeren Frame und zeichnest den Hasen weiter unten und die Beine näher zusammen. Auf Frame 8 ziehst du die Beine weiter zusammen und bewegst den Hasen wieder nach unten.

Schritt 7: Wenn du mit deiner Animationsskizze zufrieden bist, kannst du im nächsten Schritt die einzelnen Frames kolorieren. Erstelle dafür eine neue Ebene über deiner ersten Skizzenebene und setze diese beiden in eine Gruppe. Auf dem oberen Frame kannst du nun den Hasen kolorieren. Ich starte dabei immer mit der Füllung der Form und füge anschließend Details hinzu. Über das kleine »N« kannst du deine Skizze auf allen Frames verbergen.

Spiele die Animation bei 12 Bildern pro Sekunde ab.

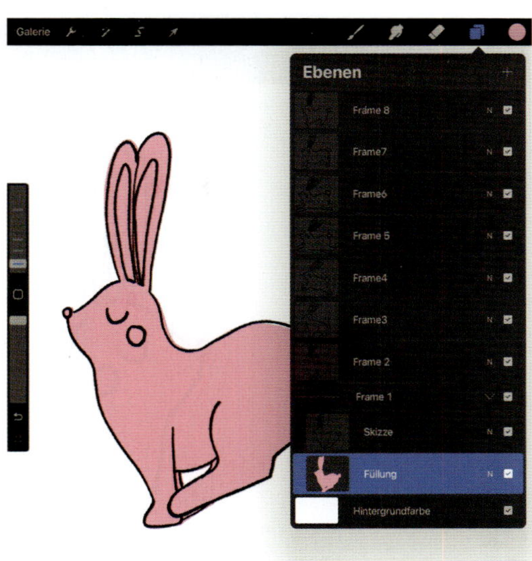

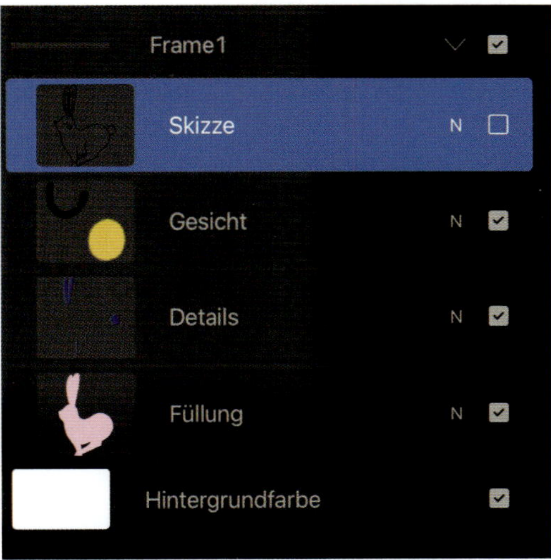

Hasenanimation in Procreate Dreams

Schritt 1: Öffne *Procreate Dreams* und erstelle ein Dokument im 4K QUADRAT. Stelle die Framerate auf 12 Bilder pro Sekunde und setze die Animation auf 2 Sekunden.

Schritt 2: Aktiviere den Zeichen-Modus und ziehe deine Zeichenfläche nach unten, um in den Daumenkino-Modus zu kommen. Zeichne die erste Hasenskizze auf Frame 1 und folge für die weiteren Hasenskizzen der Anleitung aus dem letzten Abschnitt .

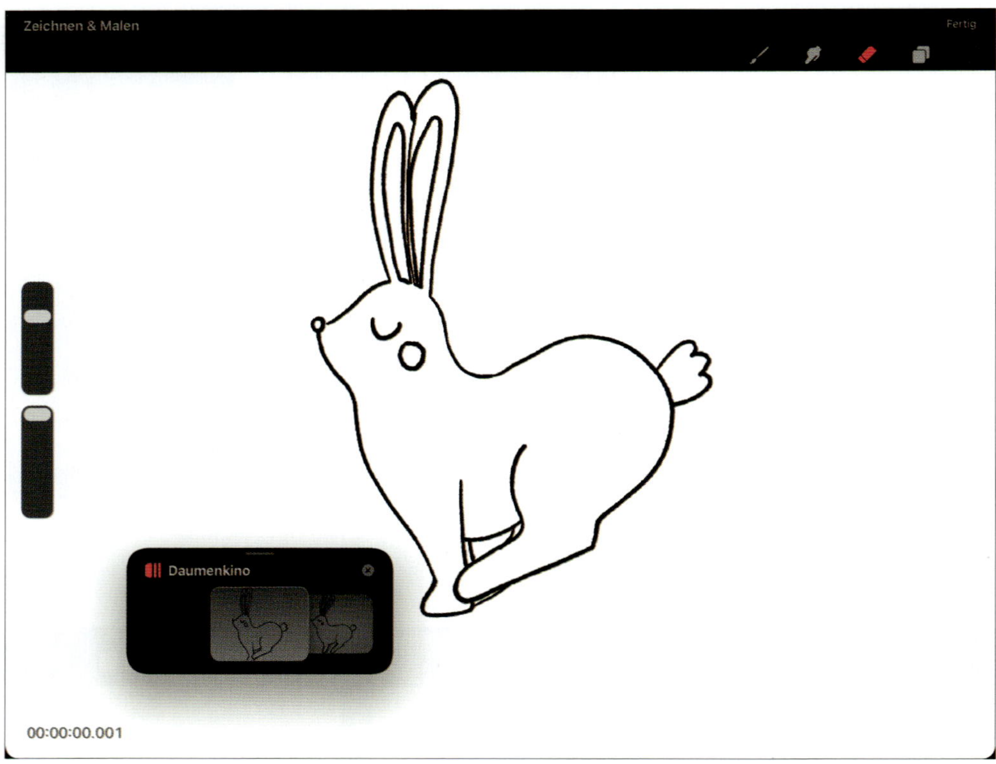

Schritt 3: Erstelle eine neue Spur unterhalb der Skizze und aktiviere wieder den Flipbook-Modus. Nun kannst du auf der neuen Spur die Füllung des Hasens für jeden Frame erstellen.

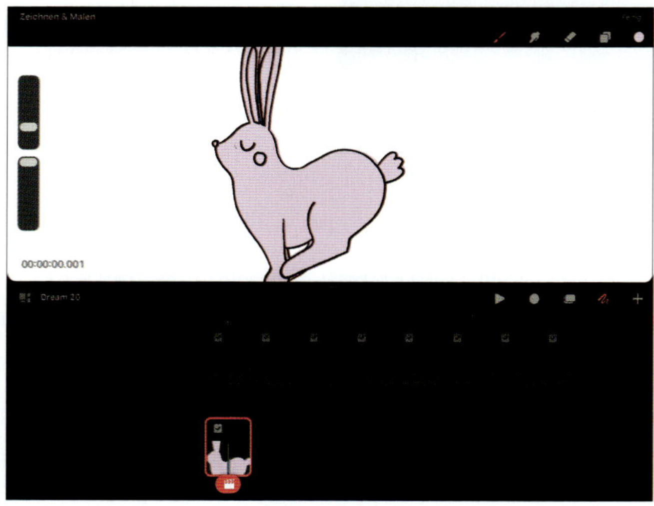

Schritt 4: Gehe in den Timeline-Bearbeitungsmodus, wähle mit deinem Apple Pencil die 8 Frames (Füllung) aus und füge sie zu einer Gruppe zusammen. Dupliziere diese Gruppe anschließend drei Mal. Jetzt kannst du die Ebene mit deiner Skizze über den Haken ausschalten, oder gleich ganz löschen, und deine Animation anschauen.

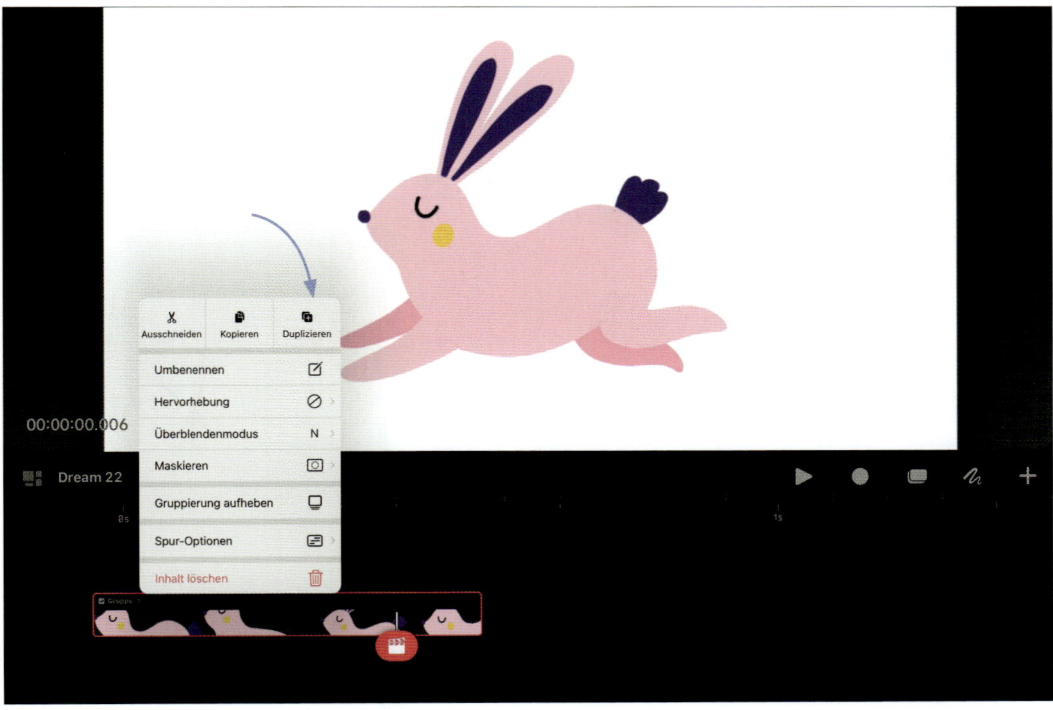

Schritt 5: Schau dir deine Animation an. Wenn du magst, kannst du nun die Hintergrundfarbe in den Bühnen-Optionen in einen Farbton deiner Wahl ändern.

7.5 Animationsanleitung: So laufen Tiere mit 4 Beinen

Um Tiere mit vier Beinen zu animieren, sammle ich vorab gerne Referenzmaterial: Ich studiere Videos oder Bilder des Tiers und achte besonders auf Bewegungen, Gangarten und Verhaltensweisen. Dann mache ich mir eine erste Skizze und versuche, den Gang genau zu analysieren. Nach und nach entsteht dann ein Bewegungsmuster, das sich prima in *Procreate* übertragen lässt.

Corgi-Animation in Procreate

Für das Projekt habe ich mir einen Hund ausgesucht. Einen Corgi, um genau zu sein.

Schritt 1: Öffne *Procreate* und erstelle ein Dokument mit 1080x1080 px. Zeichne nun mit einem Skizzen-Stift einen Strich auf die erste Ebene. Darauf läuft der Hund später und die Linie dient der Orientierung.

Schritt 2: Schau dir gleich mal die einzelnen Frames auf der nächsten Seite an. Wir werden insgesamt 12 Frames haben und starten mit Frame 1. Die Beine werden sich immer abwechselnd von vorne nach hinten bewegen. Damit du dich besser orientieren kannst, spreche ich immer von der vorderen und der hinteren (schraffierten) Seite (siehe Skizze).

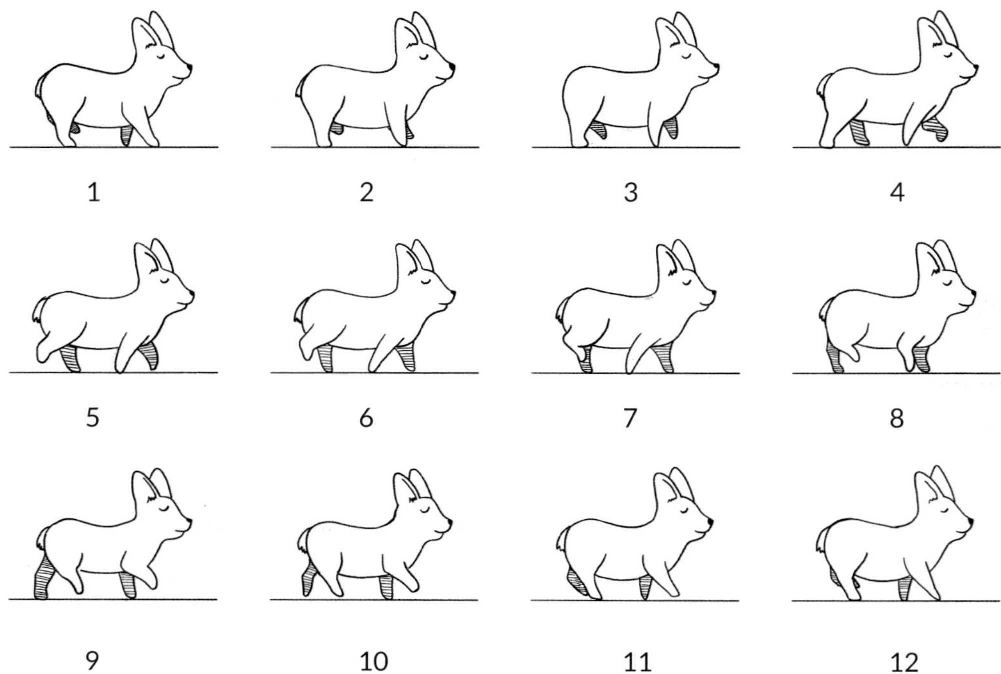

Schritt 3: Auf Frame 1 zeichnest du die Beine so, dass das Vorder- und Hinterbein der dir zugewandten Seite nach rechts vorne zeigen. Füge danach einen neuen leeren Frame hinzu und zeichne darauf Frame Nummer 4. Hier wechseln die Beine ihre Position. Das dir zugewandte Vorderbein ist nun hinten und das schraffierte Vorderbein vorne.

Schritt 4: Zeichne nun im nächsten Schritt die Inbetweens 2 und 3 hinzu, um die Beine schrittweise von vorne nach hinten zu bewegen.

Schritt 5: Nun zeichnest du die nächste Sequenz. In Frame 5 bis 8 bewegst du das nicht schraffierte Hinterbein in 4 Schritten nach vorne. Das nicht schraffierte Vorderbein bewegt sich ebenfalls langsam nach vorne, bleibt aber noch eine Weile am Boden, bevor es sich hebt.

Schritt 6: Jetzt folgen die Frames 9 bis12. Hier bewegst du das dir zugewandte Vorder- und Hinterbein in 4 Schritten nach unten, bis beide wieder knapp den Boden berühren. Das schraffierte Hinterbein wechselt dabei von hinten nach vorne.

Schritt 7: Achte unbedingt darauf, dass Frame 12 nahtlos in Frame 1 übergeht. Kopiere dir am besten einmal den 1. Frame ganz nach hinten und arbeite mit der Zwiebelschicht, um zu prüfen, ob Frame 1 gut an Frame 12 anschließt.

Schritt 9: Spiele deine Animation bei 12 Bildern pro Sekunde ab und teste das Ergebnis.

Schritt 10: Wenn du möchtest, kannst du die einzelnen Frames noch einfärben. Dafür erstellst du am besten eine neue leere Ebene über der Skizzenebene und benennst diese mit »Füllung«. Dann zeichnest du deine Skizze sauber ab und füllst sie mit Farbe.

Corgi-Animation in Procreate Dreams

Schritt 1: Öffne *Procreate Dreams* und erstelle ein Dokument im 4K QUADRAT. Stelle die Framerate auf 12 Bilder pro Sekunde und setze die Animation auf 2 Sekunden.

Schritt 2: Aktiviere den Zeichnen-Modus und ziehe deine Zeichenfläche nach unten, um in den Daumenkino-Modus zu kommen. Zeichne die erste Corgiskizze auf Frame 1 und folge für die weiteren 11 Frames der Anleitung aus Abschnitt 7.5. Aktiviere am besten die Zwiebelschicht, damit du die Proportionen des Corgis einhalten kannst und konsistent in deinen Zeichnungen bleibst.

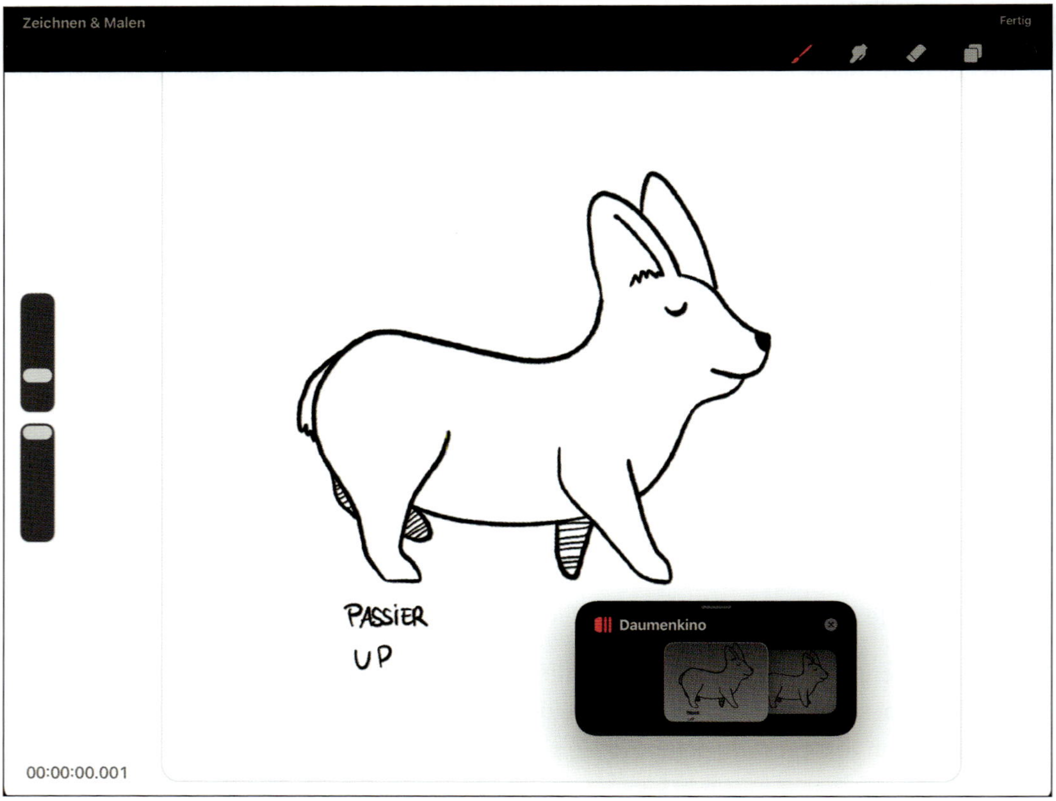

Schritt 3: Erstelle eine neue Spur unterhalb der Skizze und aktiviere wieder den Flipbook-Modus. Nun kannst du auf der neuen Spur die Füllung des Hundes für jeden Frame erstellen. Öffne dann die Zeichenebene und füge dort noch Highlights mit hinzu.

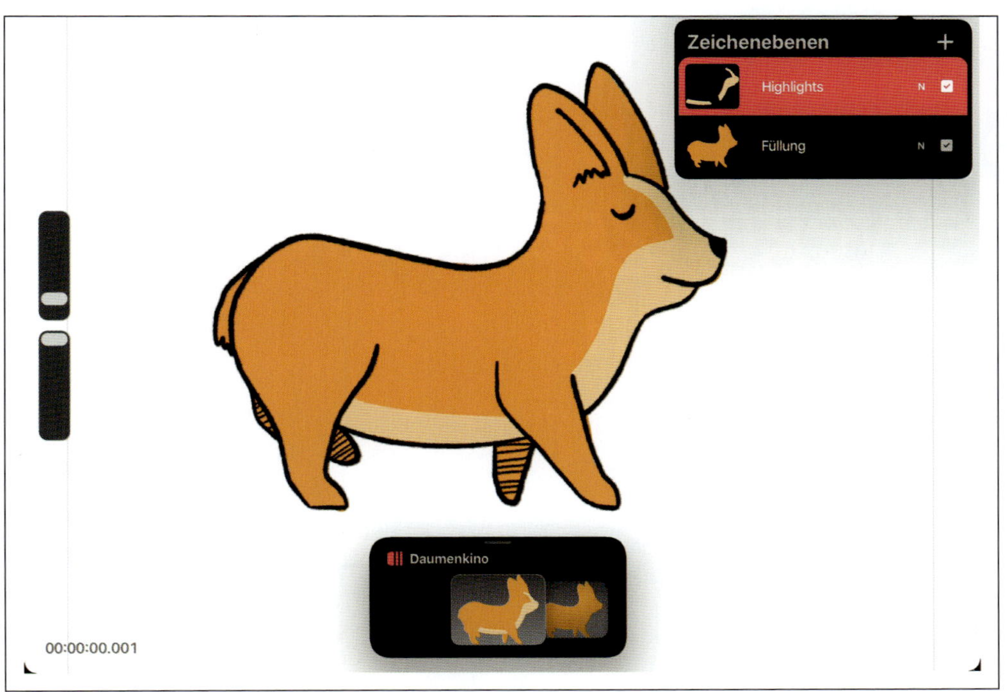

Schritt 4: Gehe dann in den Timeline-Bearbeitungsmodus und wähle mit deinem Apple Pencil die 12 Frames (Skizze oder koloriert) aus und füge sie zu einer Gruppe zusammen. Dupliziere diese Gruppe anschließend zwei Mal, um die 2 Sekunden voll zu bekommen. Jetzt kannst du die Ebene mit deiner Skizze über den Haken ausschalten, oder gleich ganz löschen, und deine Animation anschauen.

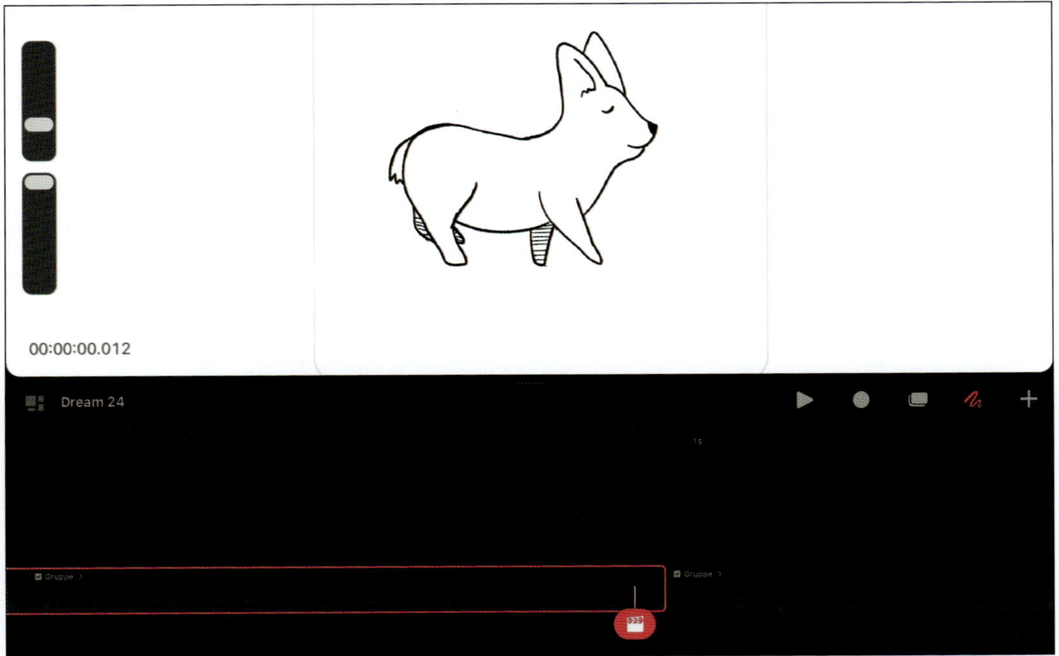

Kapitel 8

Spannende Bewegungsabläufe bei Figuren

8.1 Figuren einfach zeichnen für Animationen

Nachdem wir fleißig Tiere animiert haben, kommen wir nun zum Menschen. Doch bevor wir damit starten, möchte ich dir ein paar grundlegende Tipps zum Zeichnen von Menschen mitgeben.

Der menschliche Körper wird normalerweise in Köpfen gemessen, um die Proportionen zu bestimmen. Zum Beispiel ist ein erwachsener Mensch in der Regel etwa sieben Köpfe groß, wobei der Kopf als Maßeinheit dient. Am einfachsten zeichnet man Menschen zunächst mit Strichfiguren und zeichnet den Körper drumherum.

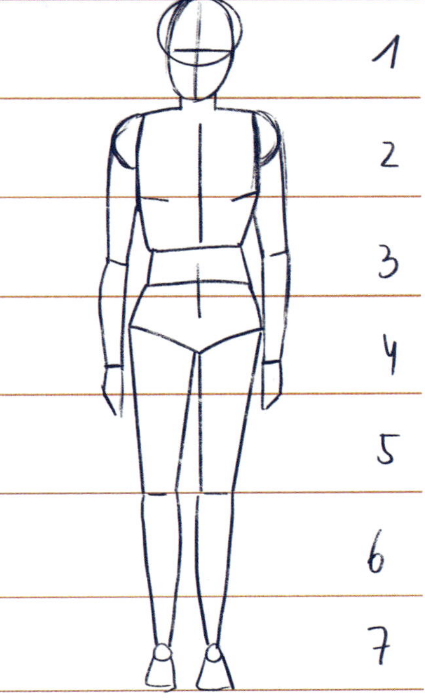

Um Menschen in Bewegung zu zeichnen und später zu animieren, kann man mit der Line of Action arbeiten.

Die **Line of Action** (Linie der Bewegung) repräsentiert die grundlegende Richtung und Bewegung der Hauptachse des Körpers oder des Objekts. Sie hilft dabei, die Pose und den Schwung einer Figur oder eines Objekts zu erfassen, bevor weitere Details hinzugefügt werden.

Sie kann dadurch helfen, die Dynamik oder den Ausdruck einer Figur zu verstärken.

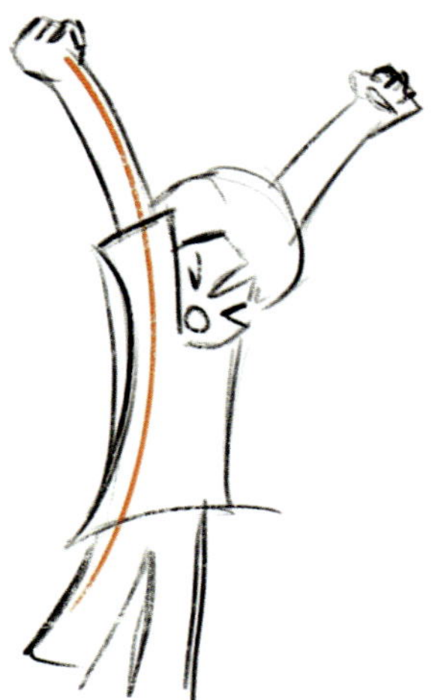

8.2 Animationsanleitung: So lässt du eine Figur schreiben

In diesem Projekt lernst du, den Vorgang des Schreibens zu animieren. Dabei konzentrieren wir uns in diesem Einstiegsprojekt darauf, nur die Hand zu animieren. Das heißt du musst den Körper der Person nur minimal bewegen, bekommst aber einen tollen Effekt.

Der Körper und das Buch werden dabei auf eine Ebene gezeichnet und in den Hintergrund gebracht.

Nur die Hand bewegst du minimal, um die Illusion des Schreibens zu erzeugen. Lass uns gleich loslegen.

Eine schreibende Figur in Procreate

Schritt 1: Öffne Procreate und erstelle ein Dokument mit 1080x1080 px. Zeichne mit einem Skizzen Stift deiner Wahl den Umriss einer sitzenden Figur auf die erste Ebene. Stütze den Kopf dabei auf eine der Hände. Die andere Hand zeichnest du auf eine extra Ebene und setzt der Figur einen Stift in die Hand.

Schritt 2: Erstelle eine neue Ebene über der Zeichenebene und fülle diese mit Farben deiner Wahl. Achte auch hier darauf, dass du Körper und Buch von der Hand trennst.

Schritt 3: Setze die Skizzenebene und den Körper in eine Gruppe. Darüber sollte nun die Hand liegen. Aktiviere dann den Animationsassistenten und setze den Körper in den Hintergrund.

Schritt 4: Bewege nun die Hand in circa 7 Frames von rechts nach links. Spiele deine Animation im Anschluss bei 12 Bildern pro Sekunde ab und teste das Ergebnis.

Eine schreibende Figur in Procreate Dreams

Schritt 1: Öffne *Procreate Dreams* und erstelle ein Dokument im 4K QUADRAT. Stelle die Framerate auf 12 Bilder pro Sekunde und setze die Animation auf 2 Sekunden.

Schritt 2: Aktiviere den Zeichnen-Modus und zeichne die Skizze der Frau auf die erste Spur. Setze eine neue Spur darüber und fülle darin den Körper und das Buch mit Farbe.

Schritt 3: Erstelle darüber eine neue Spur und zeichne darauf die Hand. Aktiviere nun den Liveaction-Modus und bewege die Hand bei der Aufnahme mit dem Apple Pencil über deine Zeichenfläche. Am Ende sieht es so aus, als ob die Figur schreiben würde.

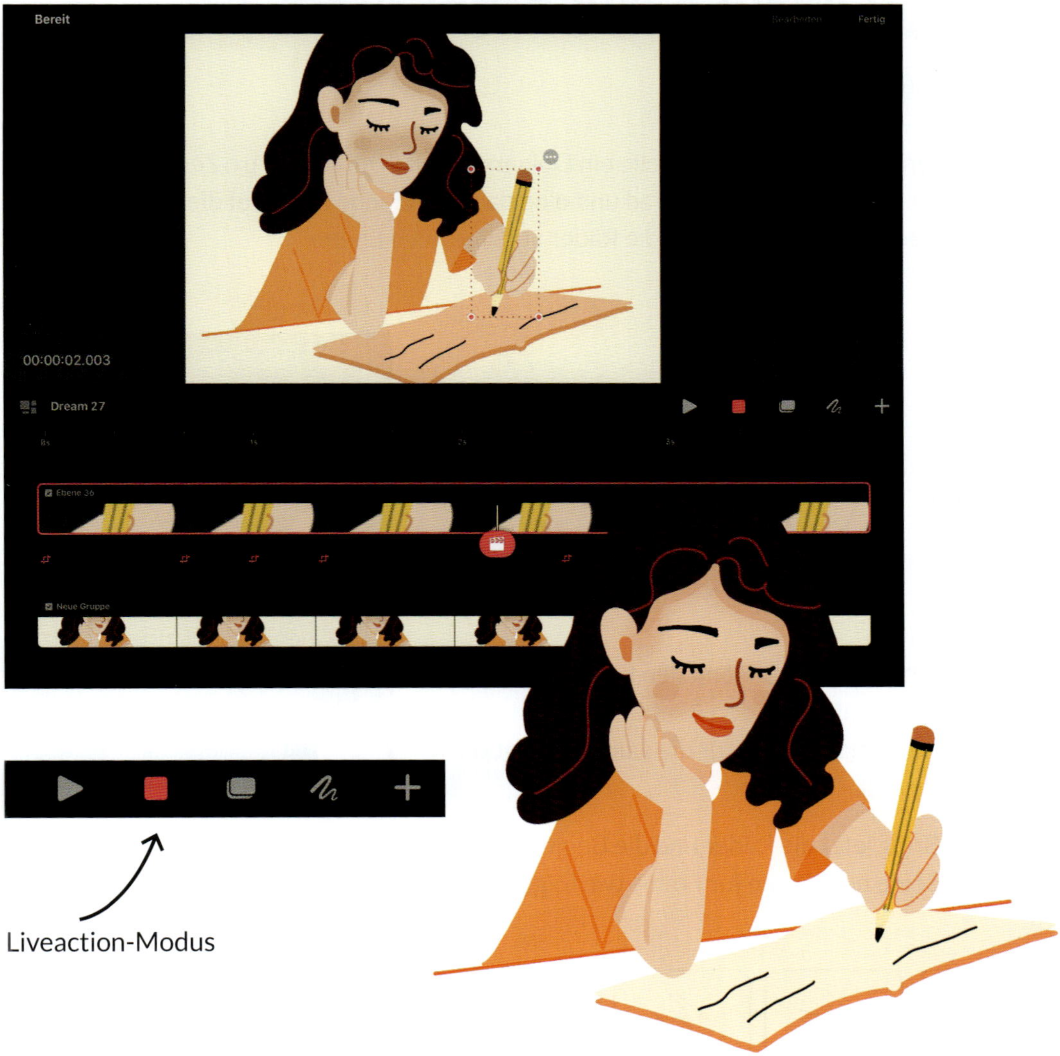

Liveaction-Modus

8.3 Animationsanleitung: So fährt eine Figur Fahrrad

In diesem Projekt wird es schon etwas komplexer. Wir animieren eine Person, die Fahrrad fährt. Dabei animierst du die Beine und die Fahrradspeichen, damit es so aussieht, als ob die Person Fahrrad fährt. Achte bei dieser Animation darauf, dass sich alles in kreisenden Bewegungen bewegt. Das Knie bewegt sich also nicht starr auf und ab, sondern in einer Bogenform. Los geht's.

Fahrradfahren in Procreate

Schritt 1: Öffne *Procreate* und erstelle ein Dokument mit 1080x1080 px. Zeichne mit einem Skizzen Stift deiner Wahl ein Fahrrad und eine darauf sitzende Figur auf die erste Ebene. Dieses Mal setzt du die Beine und die Räder auf eine neue Ebene.

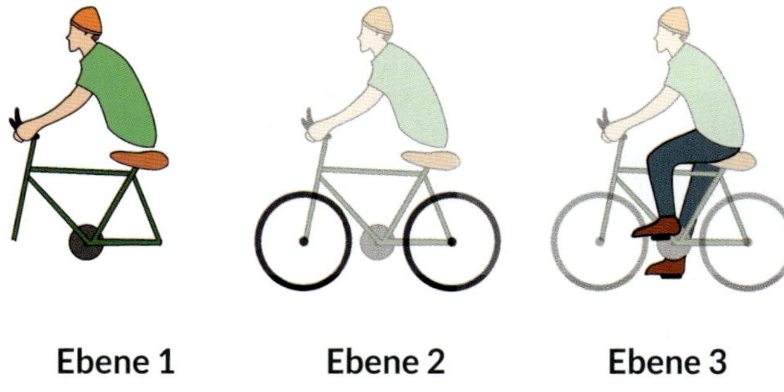

Ebene 1 **Ebene 2** **Ebene 3**

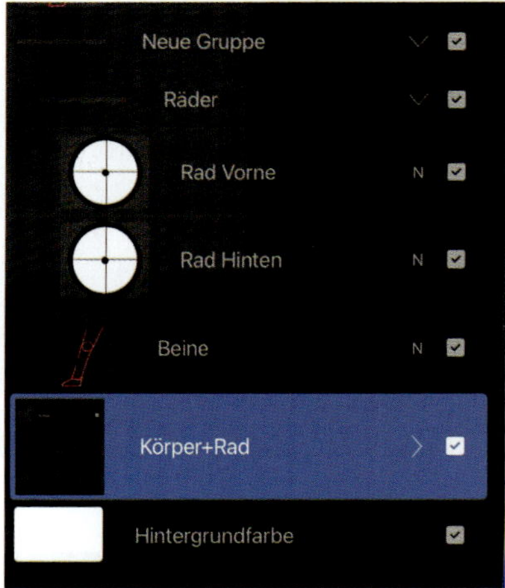

Schritt 2: Setze den Körper und den Fahrradrahmen in eine Gruppe und aktivere den Animationsassistenten. Diese Ebene bringst du nun für die ganze Animation in den Hintergrund.

Schritt 3: Bring jetzt die Räder und die Beine in eine Gruppe und dupliziere die Gruppe. Passe die Beine nun Frame für Frame wie folgt an, wobei das rote Bein jeweils das hintere ist:

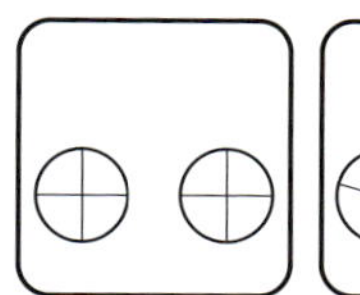   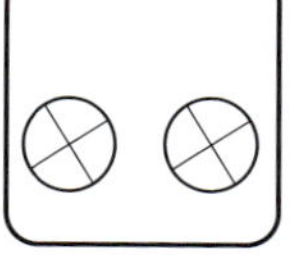   

Gehe nun noch einmal in die Gruppe und drehe die Ränder jeweils ein Stück weiter nach rechts. Schon sieht es so aus, als würde sich das Fahrrad bewegen.

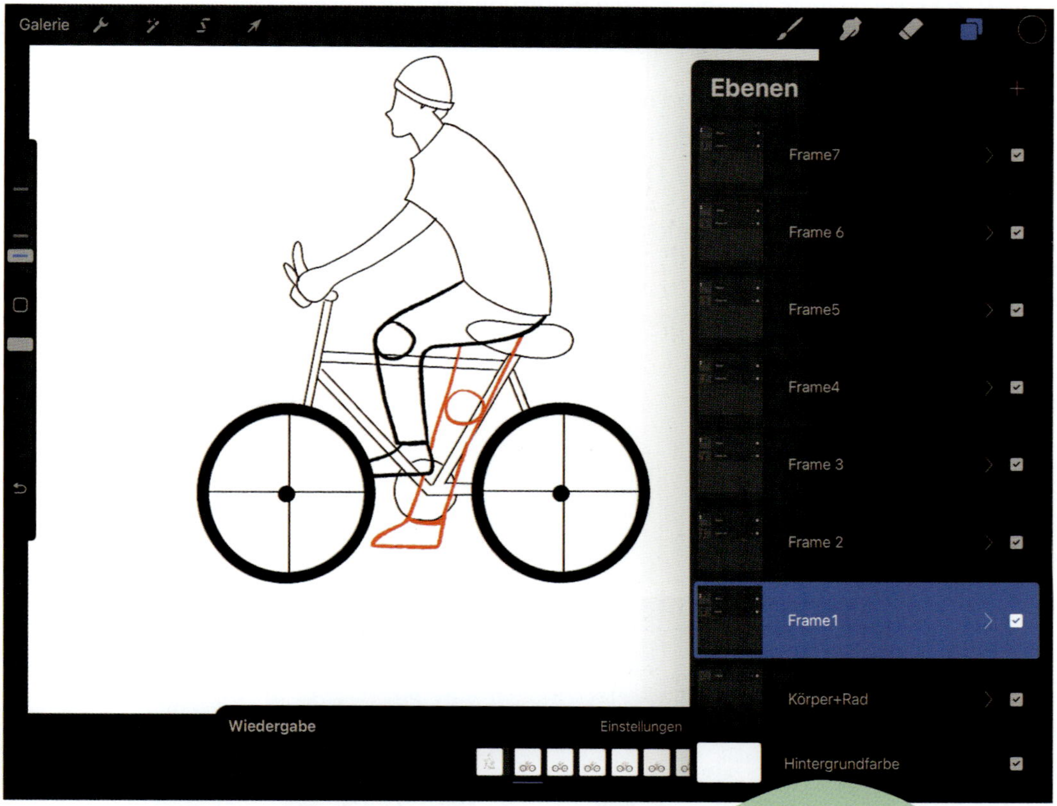

Schritt 4: Koloriere nun Frame für Frame die Beine und die Hintergrund-Ebene. Spiele deine Animation bei 12 fps ab.

Fahrradfahren in Procreate Dreams

Schritt 1: Öffne *Procreate Dreams* und erstelle ein Dokument im 4K Quadrat. Stelle die Framerate auf 12 Bilder pro Sekunde und setze die Animation auf 2 Sekunden.

Schritt 2: Aktiviere den Zeichnen-Modus und setze den Fahrradfahrer auf Spur 1, und zwar ohne Räder und Beine.

Schritt 3: Erstelle eine neue Spur für die Beine und zeichne diese im Daumenkino-Modus dazu. Die genaue Anleitung findest du im vorherigen Abschnitt.

Schritt 4: Erstelle eine 4. Spur und füge dort Speichen zum Fahrrad hinzu. Diese animierst du nun durch Keyframes. Setze den ersten Keyframe an den Anfang deiner Animation und einen zweiten an die letzte Stelle. Drehe dort deine Speichen um etwa 140 Grad.

Schritt 5: Schau dir deine Animation an und verlängere sie falls gewünscht.

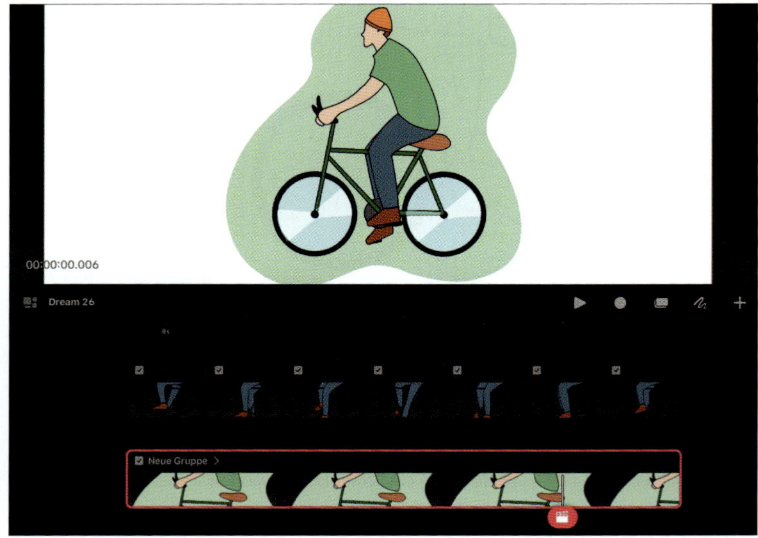

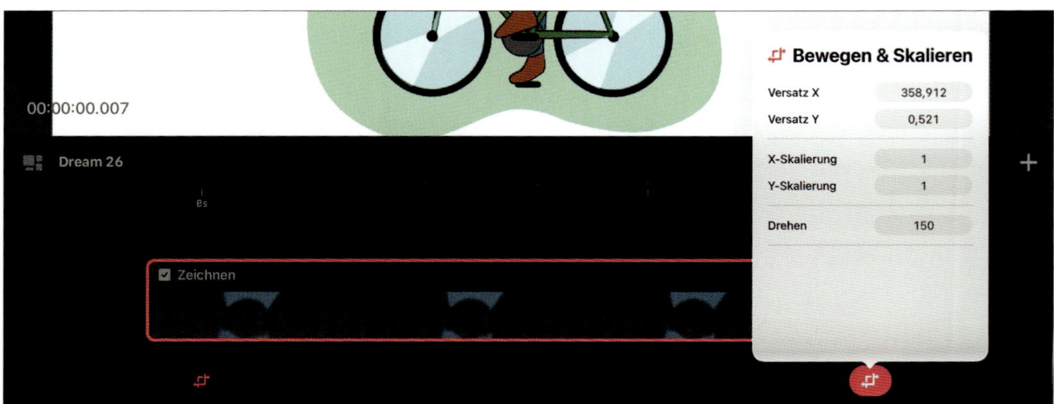

8.4 Animationsanleitung: So springt eine Figur

Wenn eine Figur springt, wirken viele Kräfte auf sie ein. Bevor sie losspringt, wird erst einmal ausgeholt. Wenn sie hoch oben in der Luft ist, streckt sie sich extremer, und wenn sie landet, kann man durch Squash & Stretch einiges an Dynamik mitnehmen.

Wir starten mit der stehenden Figur. Zeichne zunächst ein Strichmännchen und baue erst dann nach und nach den Körper drumherum. Auch wenn es ein wenig extra Arbeit ist, lohnt es sich, die einzelnen Bewegungsabfolgen Schritt für Schritt zu skizzieren. Los geht's.

Springen in Procreate

Ich teile die Bewegung nun in unterschiedliche Schlüsselpositionen ein. Nummer 1 ist die Vorbereitung zum Sprung, Nummer 2 der Moment in der Luft und Nummer 3 die Landung.

Die Ausgangsposition ist der stehende Mensch.

Schritt 1: Erstelle ein neues Dokument mit 1080x1080 px und skizziere eine stehende Person auf Ebene 1. Aktiviere dann den Animationsassistenten. Zeichne nun die 2. Schlüsselpose: den Moment, wenn der Mensch in die Hocke geht und Schwung holt.

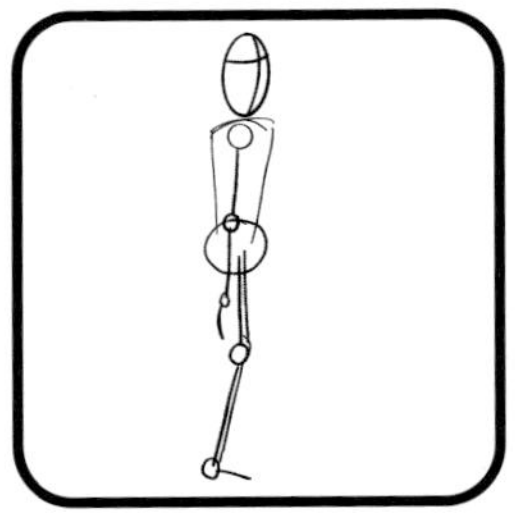
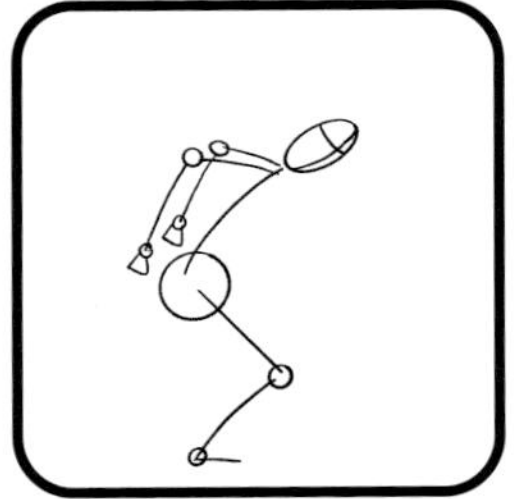

Schritt 2: Füge nun 2 Inbetweens dazu, um die Bewegung flüssig zu bekommen.

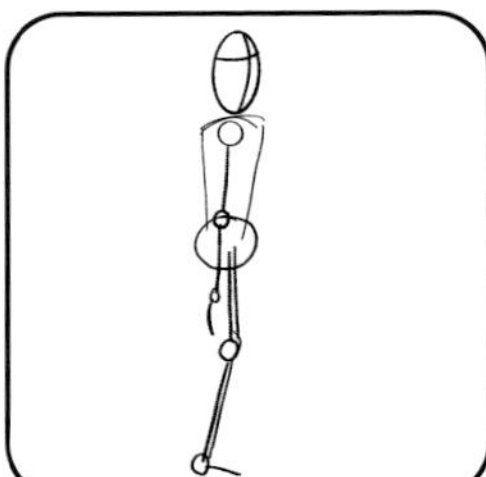
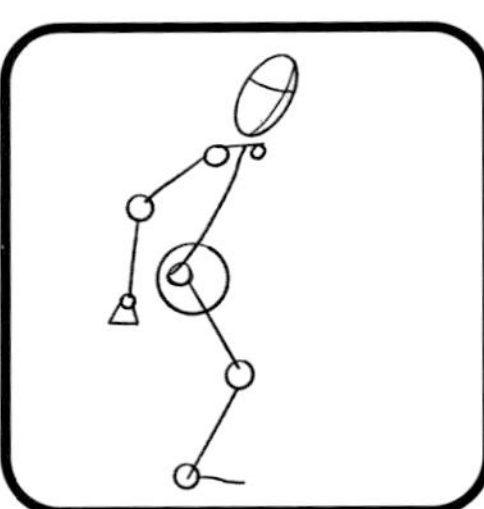

Schritt 3: Zeichne danach den Moment in der Luft und füge 2 Inbetweens hinzu.

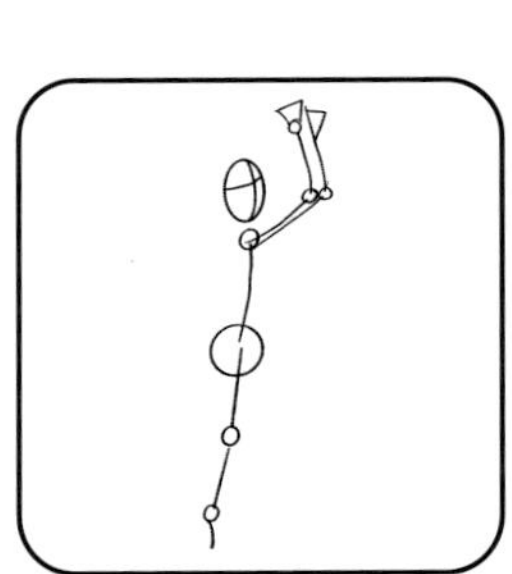
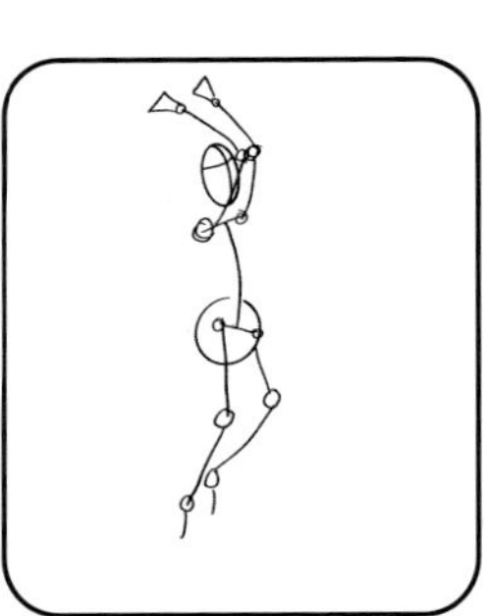
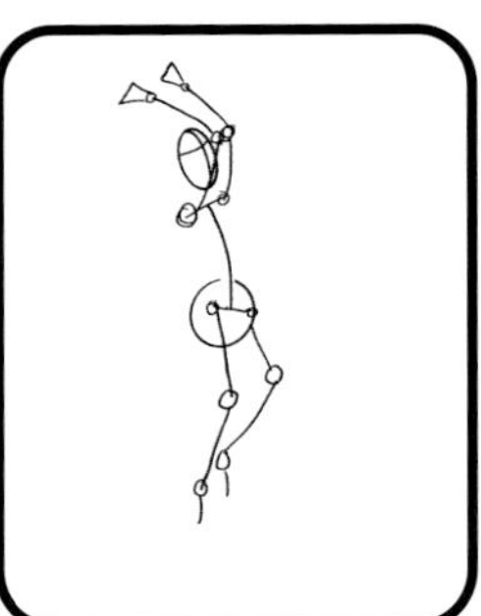

Schritt 4: Nun folgt die Bewegung nach unten. Achte dabei besonders auf den Moment, wenn sich die Figur unten zusammenstaucht. Um den Loop nun vollkommen zu machen, startet alles wieder bei der stehenden Figur. Hier kannst du die Haltedauer auf »4« setzen.

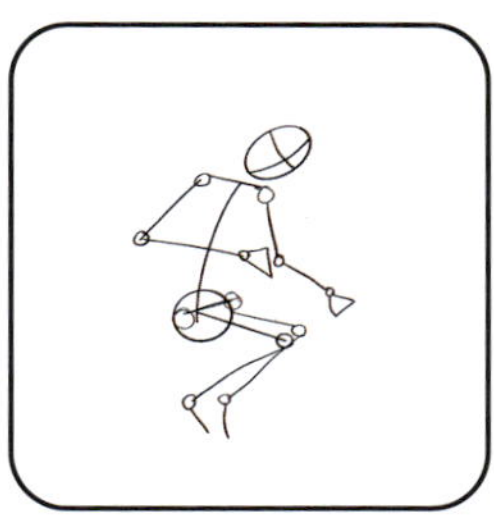

Schritt 5: Zeichne nun die Figur um das Strichmännchen herum. Zeichne erst die Outline und fülle diese dann mit Farbe. Versuche, alles so einfach wie möglich zu halten. Je komplexer du zeichnest, desto länger wirst du brauchen, um auch alle anderen Frames zu finalisieren.

Schritt 6: Schau dir deine fertige Animation bei 12 Frames pro Sekunde an. Setze die Haltedauer des 1. Frames auf »4«. So erstellst du einen unendlichen Loop.

Springen in Procreate Dreams

Eine Figur springen zu lassen, geht natürlich auch in *Procreate Dreams*. Verwende dafür wie gewohnt die Daumenkino-Funktion.

Schritt 1: Öffne *Procreate Dreams* und erstelle ein Dokument im 4K QUADRAT. Stelle die Framerate auf 12 Bilder pro Sekunde und setze die Animation auf 2 Sekunden.

Schritt 2: Aktiviere den Zeichnen-Modus und dann das Daumenkino.

Schritt 3: Zeichne Frame für Frame die springende Figur als Strichmännchen-Zeichnung.

Schritt 4: Erstelle eine neue Spur darüber und zeichne dort die finale Outline. Fülle die Figur im Anschluss mit Farbe und spiele deine Animation ab.

Schritt 5: Schau dir deine Animation an und verlängere sie falls gewünscht. Setze dafür die einzelnen Frames in eine Gruppe.

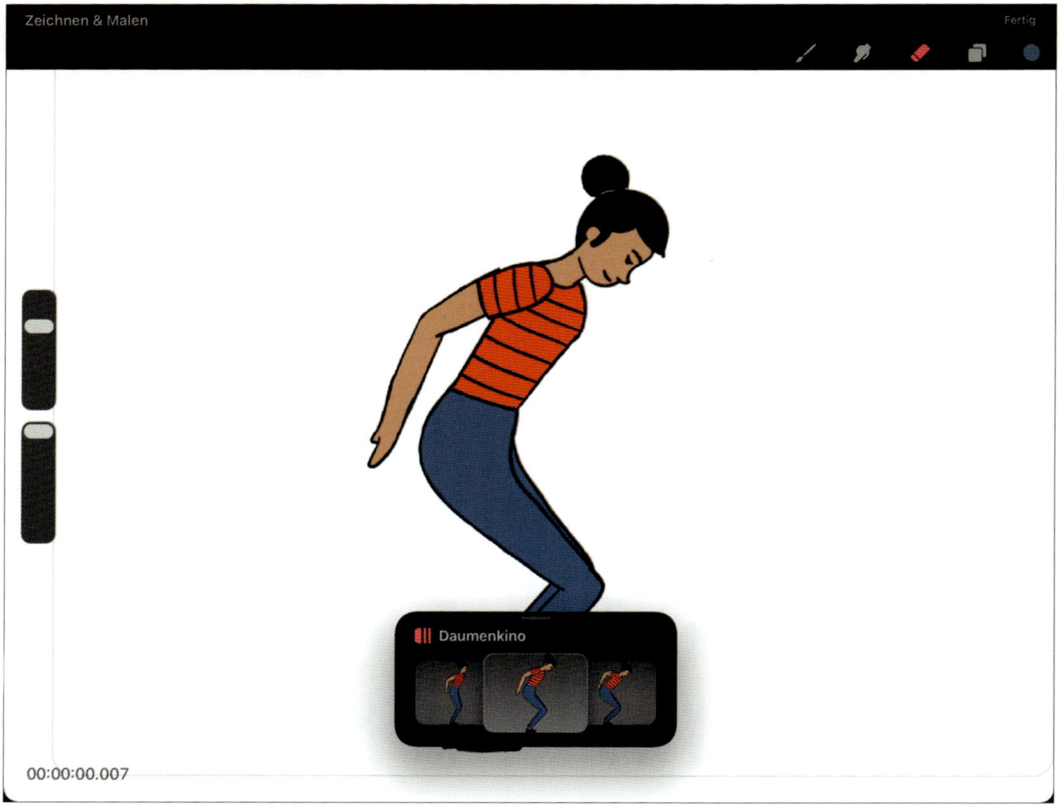

8.5 So läuft eine Figur – Der Walkcycle

Nachdem du inzwischen einiges über Animation und das Zeichnen von Figuren gelernt hast, geht es jetzt ans Eingemachte. Wir starten mit einem Walkcycle, der Königsdisziplin der Animation. Der Walkcycle, auch Gehzyklus genannt, ist eine grundlegende Animationstechnik, die in der Animation verwendet wird, um eine Figur zum Laufen zu bringen. Es handelt sich um einen wiederkehrenden Bewegungsablauf, der nahtlos wiederholt wird, um den Eindruck von fortlaufender Bewegung zu vermitteln.

Wir laufen täglich mehrere Kilometer und müssten eigentlich ganz genau vor Augen haben, wie das Laufen funktioniert. Doch da das Gehen in der Regel komplett unbewusst abläuft, bekommen wir schnell Probleme bei der Animation. Die Beine, die Füße, die Arme – alles muss koordiniert und zur richtigen Zeit bewegt werden.

Aber keine Sorge, ich werde dir in diesem Buch die einzelnen Schritte ganz genau erklären, damit du am Ende in der Lage bist, deine eigenen Figuren zum Laufen zu bringen.

Wenn wir uns das **typische Gehen** einmal genauer anschauen, können wir feststellen, dass sich die Beine von vorne nach hinten bewegen, während die Arme genau in die gegensätzliche Richtung schwingen.

Das bedeutet konkret: Wenn das linke Bein vorne ist, dann ist der rechte Arm vorne, und wenn das rechte Bein vorne ist, ist der linke Arm vorne. Filme dich doch einfach mal beim Laufen und achte genau auf die Bewegungen.

Laufen in Procreate

Schritt 1: Erstelle ein neues Dokument mit 1080x1080 px. Wir starten mit einer Skizze. Schalte daher am besten gleich den Animationsassistenten an. Bevor du dich an die ganze Figur wagst, beginnst du mit den Beinen.

Den oberen Teil des Körpers fügst du später hinzu, sobald du die Beine in die richtige Position gebracht hast.

Schritt 2: Zeichne nun die Schlüsselpositionen. Einfach heruntergebrochen besteht Laufen aus zwei Schritten: Einmal ist der Fuß vorne und einmal hinten. Dazwischen kommen unterschiedliche Zwischenbilder (Inbetweens).

Du zeichnest also zunächst die beiden Kontaktpositionen. Einmal mit dem rechten Bein vorne und einmal mit dem Linken. Zeichne auf dem ersten Frame den rechten Fuß vorne und auf dem zweiten Frame den linken Fuß vorne. Diese beiden Positionen nennt man auch die Kontaktpose.

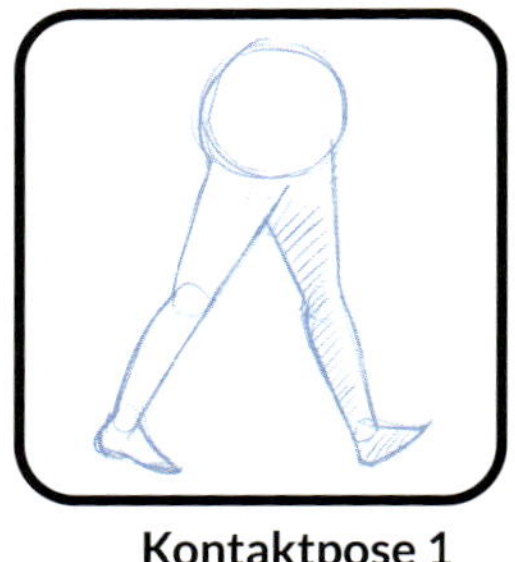

Kontaktpose 1

Kontaktpose 2

Siehst du, dass ich jeweils das hintere Bein leicht schattiert habe? Das hilft dir dabei, den Überblick zu behalten, welches Bein vorne und welches hinten ist, wenn du später die Zwischenbilder hinzufügst.

Schritt 3: Als nächstes zeichnest du die Passierpose – also die Pose, wenn das eine Bein das andere kreuzt. Füge dafür zwischen Frame 1 und 2 einen neuen leeren Frame hinzu. Dort zeichnest du das hintere Bein durchgestreckt und das vordere angewinkelt

Achtung, hier kommt ein weiterer wichtiger Tipp: Der Körper bewegt sich hoch und runter, wenn eine Person läuft. Zeichne also bei der Passierpose den Kreis schon etwas höher und die Beine länger, wenn das Gewicht auf einem Bein liegt.

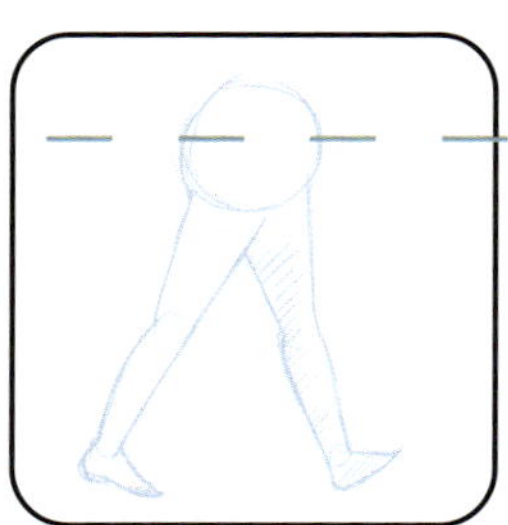

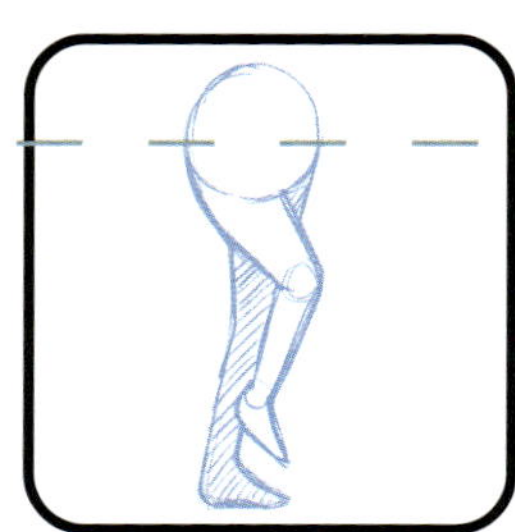

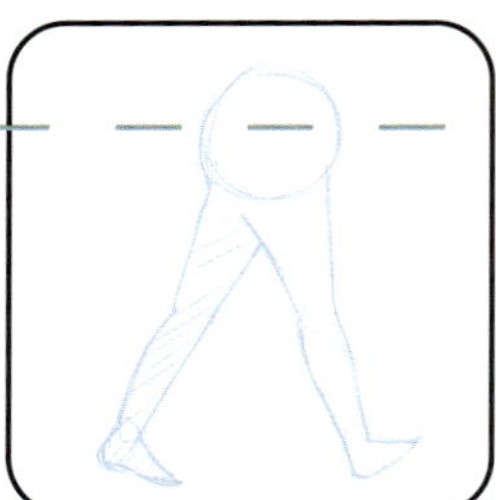

Passierpose

Schritt 4: Zwischen den Kontaktposen und der Passierpose werden nun Zwischenbilder hinzugefügt, um eine reibungslose und realistische Bewegung zu erzeugen. Diese Zwischenschritte helfen, die fließende Bewegung des Charakters zu erzeugen, während er von einer Schlüsselposition zur nächsten übergeht.

Füge zunächst zwischen dem 1. Schlüsselbild (Kontaktpose 1) und der Passierpose einen neuen Frame hinzu (Down-Pose). Die Figur kommt hier relativ weit nach unten, da das Gewicht auf den vorderen Fuß verlagert wird. Achte also darauf, dass der Kreis etwas nach unten versetzt wird.

Füge dann zwischen der Passierpose und dem 2. Schlüsselbild (Kontaktpose 2) einen neuen Frame ein, und zeichne dort das rechte Bein etwas höher und das hintere weiter zurück. Diese Pose nennt man auch Up-Pose. Hier ist der Körper am weitesten gestreckt.

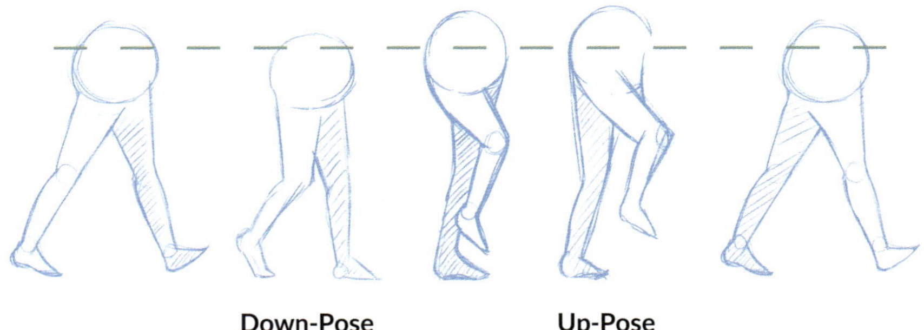

Down-Pose **Up-Pose**

Schritt 5: Die Endlosschleife. Der Walkcycle wird so erstellt, dass er nahtlos wiederholt werden kann. Dies ermöglicht eine endlose Schleife der Bewegung, die sich gut in eine Szene integrieren lässt. Du musst nun also noch vom 2. Schlüsselbild den Loop zum 1. Schlüsselbild schaffen. Dafür kannst du dir einen Teil der Animation einfach nach hinten kopieren.

So gehst du vor: Kopiere zunächst den 2. Frame mit dem 1. Inbetween nach hinten. Klicke dafür auf den 2. Frame in der Timeline und gehe in den Frame-Optionen auf DUPLIZIEREN. Dieses Duplikat schiebst du nun durch Drücken und Halten ganz nach hinten.

Ändere möglichst sofort die Ausrichtung der Beine. Das schraffierte Bein sollte jetzt links sein.

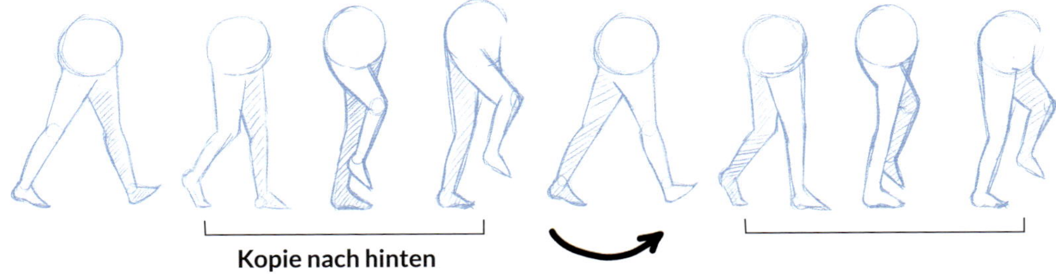

Kopie nach hinten

Kopiere dir anschließend auf die gleiche Art und Weise die Passierpose und das 2. Inbetween. Ändere auch hier das hintere Bein. Nutze dafür einfach den Radiergummi.

Wenn du die Animation nun bei 8 Frames abspielst, sollten sich die Beine in einem unendlichen Loop bewegen.

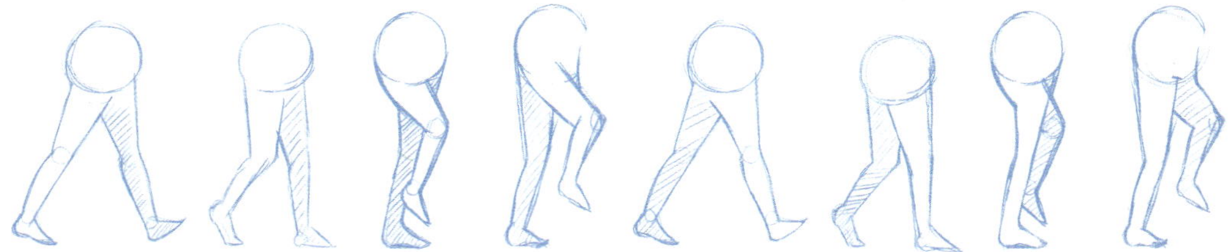

Schritt 6: Füge die Arme und den Körper hinzu. Du startest wieder mit den beiden Schlüsselpositionen: rechtes Bein hinten und vorne. Auf dem 1. Schlüsselbild zeichnen wir den rechten Arm im Schwung nach vorne und den linken hinter dem Körper. Auf dem 2. Schlüsselbild ist der rechte Arm im Schwung nach hinten.

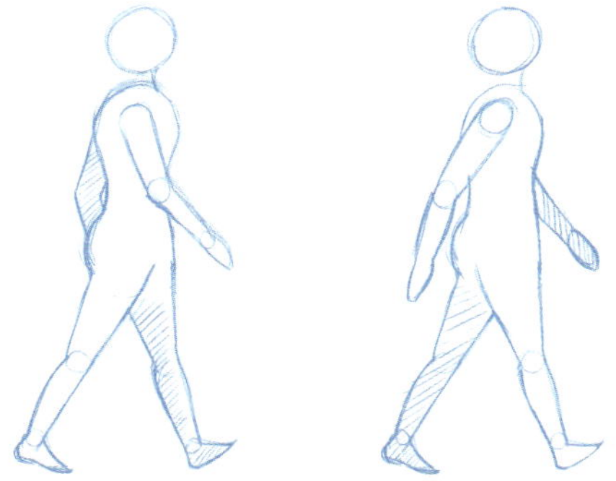

Schritt 7: Füge Arme und Körper zu Passierpose hinzu. Bei der Passierpose ist dann nur der rechte Arm zu sehen. Beachte hier, dass der Kopf und die Arme schon weiter oben sind.

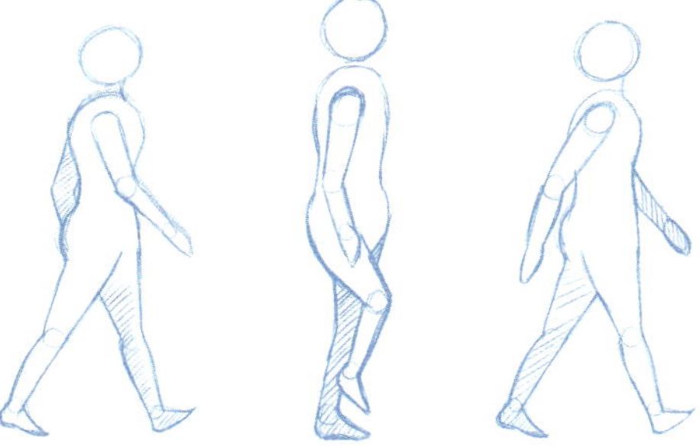

Schitt 8: Füge anschließend die Inbetweens mit den passenden Armen hinzu. Durch Anpassung der Zwiebelschicht kannst du genau erkennen, wie du die Arme setzen musst.

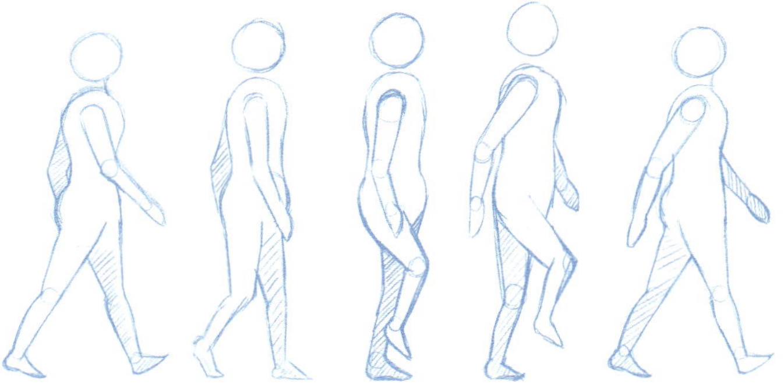

Schritt 9: Jetzt fehlen nur noch die drei letzten Frames, um den Walkcycle rund zu machen.

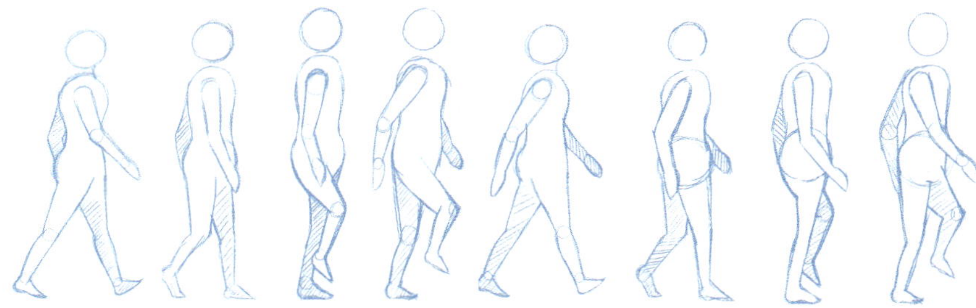

Herzlichen Glückwunsch, damit hast du einen kompletten Bewegungsablauf dargestellt. Wenn du die Animation nun bei 8 Frames pro Sekunde abspielst, bekommst du einen relativ zügigen Gang.

Walkcycle-Tipps in der Übersicht

- Beim Gehen bewegen sich Arme und Füße entgegengesetzt.
- Beginne mit den Schlüsselpositionen und arbeite dich langsam vor
- Schraffiere das vordere und das hintere Bein, um nicht durcheinander zu kommen.
- Achte für eine natürliche Bewegung darauf, dass sich der Körper in den unterschiedlichen Positionen auf und ab bewegt.
- Je mehr deine Figur von oben nach unten bounct, desto cartooniger wirkt sie.

Schritt 10: Zeichne nun die Figur um das Strichmännchen herum. Zeichne erst die Outline und fülle diese dann mit Farbe. Versuche, alles so einfach, wie möglich zu halten. Je komplexer du zeichnest, desto länger wirst du brauchen, um auch alle anderen Frames zu finalisieren.

Tipp: Um eine Figur schnell laufen zu lassen, musst du nur den Körper neigen und dynamischer machen. Die Passierposen und die Kontaktposen bleiben. Die Inbetweens kannst du variabel verändern.

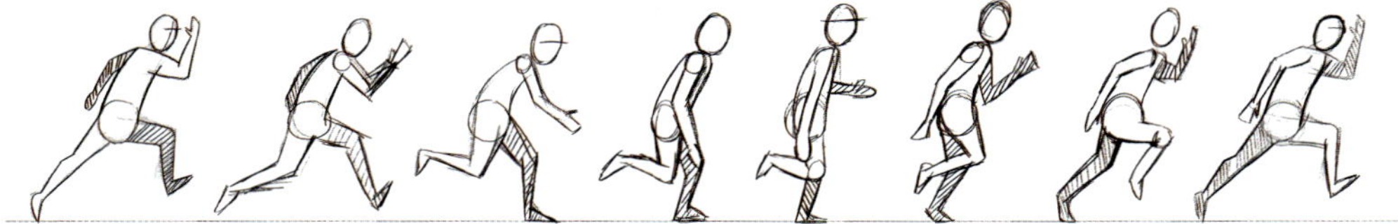

Laufen in Procreate Dreams

Schritt 1: Öffne *Procreate Dreams* und erstelle ein Dokument im 4K QUADRAT. Stelle die Framerate auf 12 Bilder pro Sekunde und setze die Animation auf 2 Sekunden.

Schritt 2: Aktiviere den Zeichnen-Modus und aktiviere das Daumenkino.

Schritt 3: Zeichne Frame für Frame die laufende Figur als Strichmännchen-Zeichnung.

Schritt 4: Erstelle eine neue Spur darüber und zeichne dort die finale Outline. Fülle die Figur im Anschluss mit Farbe und spiele deine Animation ab.

Schritt 5: Schau dir deine Animation an und verlängere sie falls gewünscht. Setze dafür die einzelnen Frames in eine Gruppe.

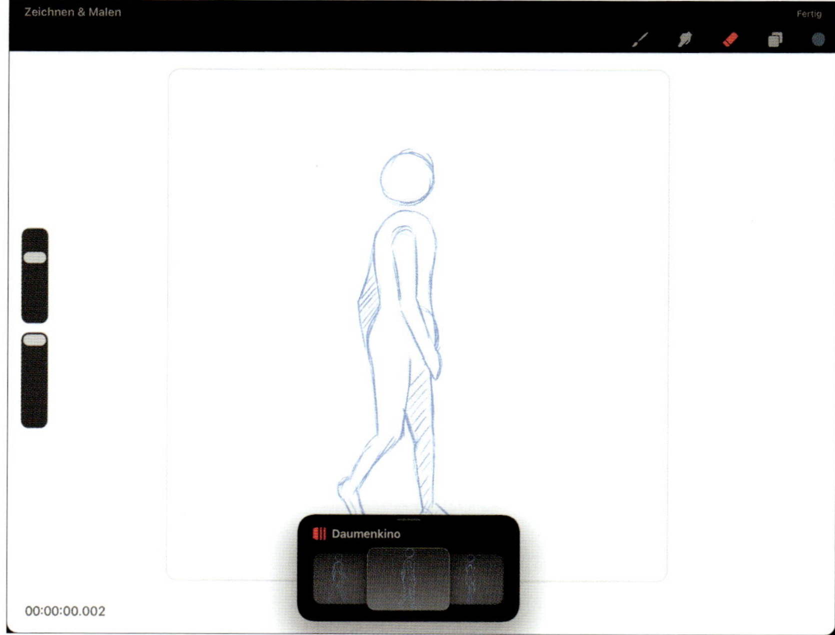

Kapitel 9

Texte und Buchstaben animieren

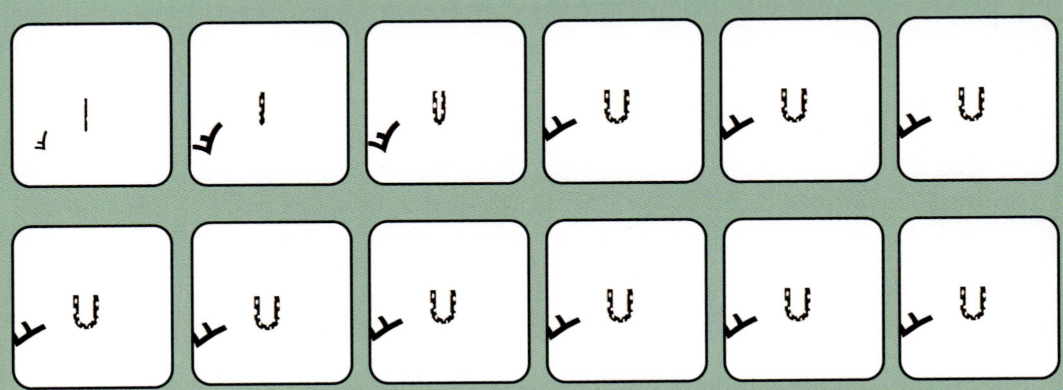

Texte und Buchstaben zu animieren, fällt in den Bereich Motion Graphics. Motion Graphics sind bewegte Grafiken und Texte ohne Handlungen. Besonders spannend sind Textanimationen für Logodesigns oder für Film-/YouTube-Intros. Du kannst Wörter wackeln, magisch erscheinen oder von Zauberhand schreiben lassen. Deiner Fantasie sind hier keinerlei Grenzen gesetzt. Auch bei Motion Graphics sind die Animationsprinzipien wichtig. Daher beachte, dass auch bei Buchstaben Squash & Stretch und die anderen Animationsprinzipien zum Einsatz kommen sollten.

9.1 Das Textwerkzeug

In *Procreate* und in *Procreate Dreams* kannst du Texte in verschiedenen Schriftarten eintippen und diese für deine Animationen verwenden. Du kannst eigene Schriftarten hochladen oder die bereitgestellten Schriftarten verwenden. Die integrierten Schriften solltest du allerdings nur für private Projekte nutzen. Für die kommerzielle Nutzung benötigst du immer eine passende Lizenz.

Das Textwerkzeug in Procreate

Das Textwerkzeug findest du in *Procreate* unter Aktionen > Text hinzufügen.

Ist du dieses Menü aus, erscheinen ein Textcursor und die Tastatur. Damit kannst du nun Wörter auf die Zeichenfläche tippen.

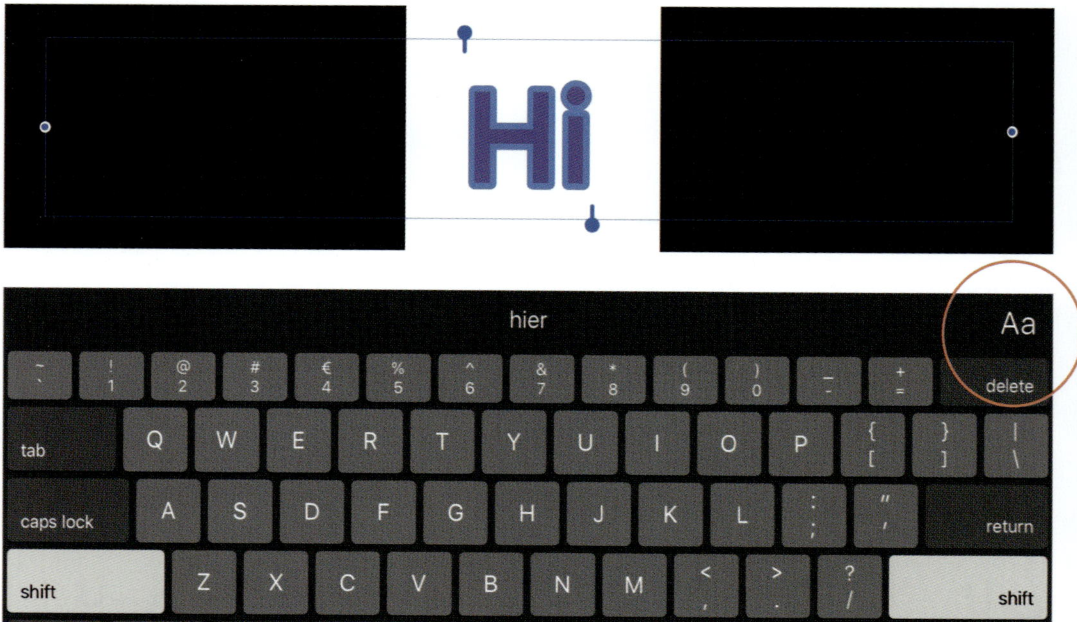

Zum Schriftmenü kommst du am schnellsten, indem du auf das »Aa«-Symbol auf der Tastatur klickst.

Im Schrift-Menü stellst du die unterschiedlichen Schriftarten und den Schriftstil ein. Über IMPORTIEREN kannst du eine eigene Schriftart hinzufügen.

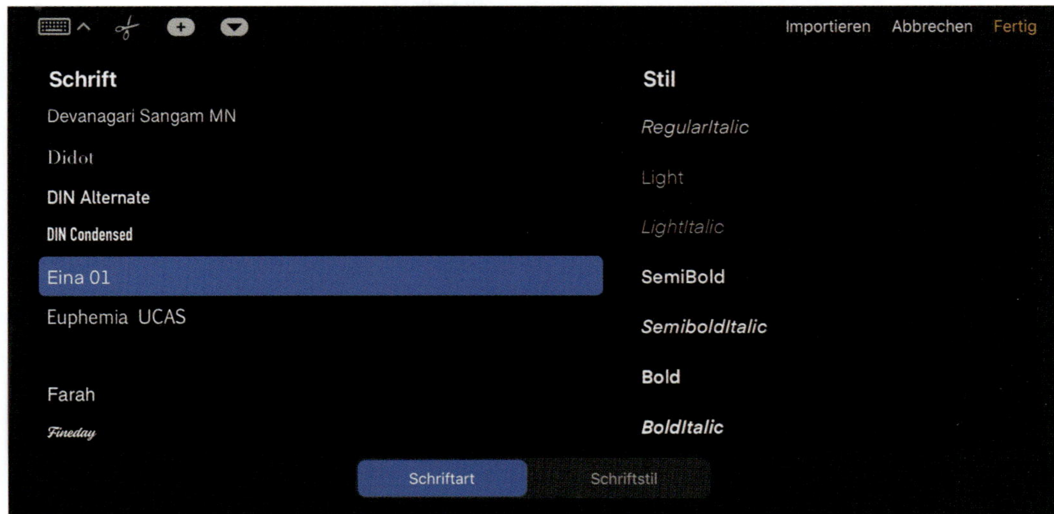

Texte werden in Procreate zunächst nicht gerastert, damit sie weiterhin bearbeitbar sind. Du erkennst ein Textfeld daran, dass bei den Ebenen ein »A« abgebildet ist. Rastern kannst du die Ebene, indem du einmal darauf tippst und dort im Menü RASTERN auswählst.

Das Textwerkzeug in Procreate Dreams

In *Procreate Dreams* findest du das Textwerkzeug unter dem + Symbol. Wähle dort TEXT aus. Es erscheint ein Cursor und du kannst das Wort schreiben. Wenn du bei der Tastatur auf das »Aa« tippst, erscheinen die unterschiedlichen Einstellungsmöglichkeiten für Buchstaben.

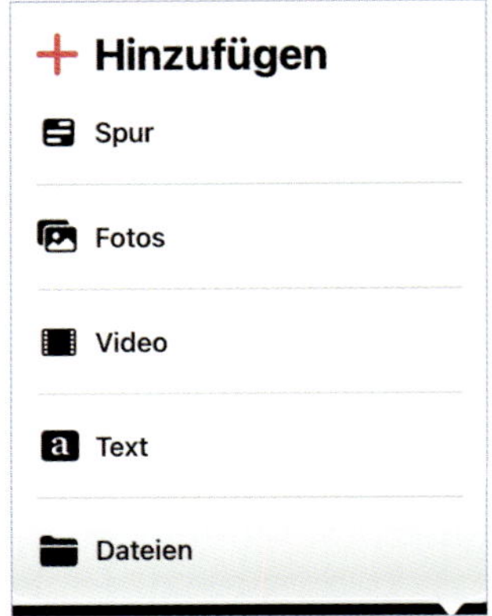

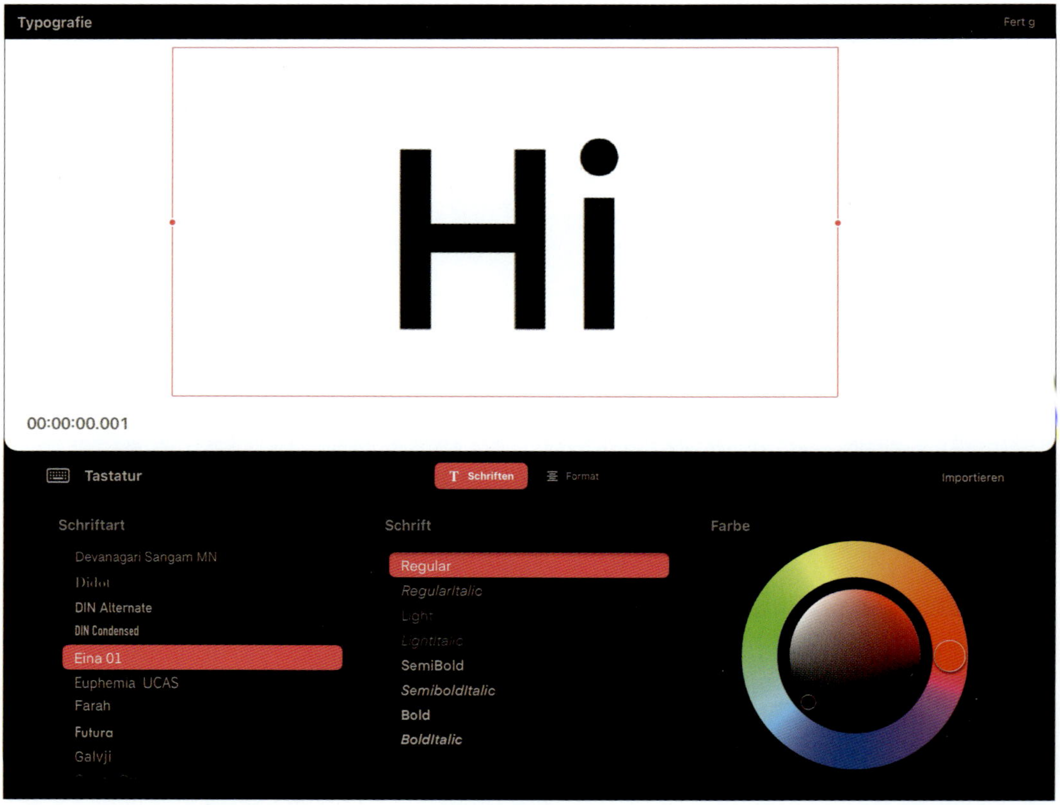

Im Schrift-Menü stellst du die unterschiedlichen Schriftarten und das Format ein. Über Importieren kannst du eine eigene Schriftart hinzufügen. Besonders schön finde ich, dass man die Farbe der Buchstaben direkt im Schrift-Menü einstellen kann.

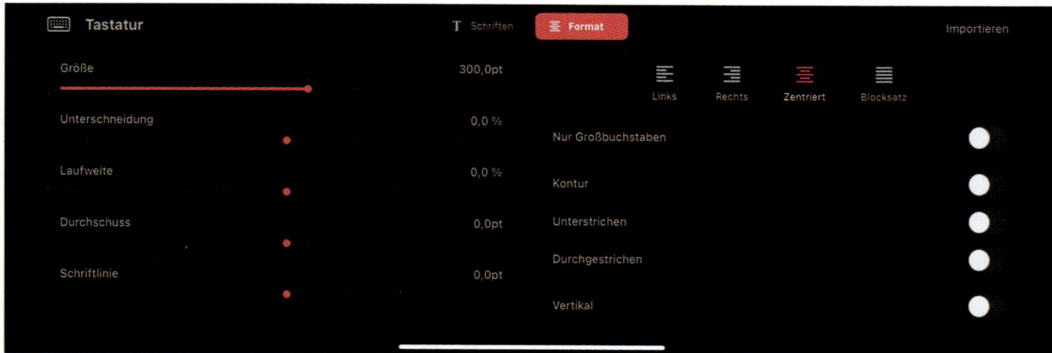

Unter Format kannst du die Grösse und die Orientierung einstellen, sowie Kontur, Unterstrichen, Durchgestrichen und Vertikal nutzen.

9.2 Der Wackeleffekt

Lass uns gleich loslegen mit dem 1. Projekt - dem Wackeleffekt. Dieser Effekt verleiht einem simplen Text sofort etwas mehr Bewegung und es ist super einfach umzusetzen.

Der Wackeleffekt in Procreate

Schritt 1: Öffne Procreate und erstelle ein Dokument mit 1080x1080 px. Wähle den Schrift-Pinsel und zeichen ein Wort deiner Wahl auf die Zeichenfläche.

Schritt 2: Aktiviere den Animationsassistenten und die Zwiebelschicht.

Schritt 3: Nun paust du das Wort auf mehreren Frames ab und versuchst, möglichst ähnlich zu bleiben. Durch das Abpausen entsteht am Ende die wackelige Bewegung. Wiederhole diesen Vorgang mindestens acht Mal. Den Unterschied der Frames siehst du auf den ersten Blick kaum, aber er wird sichtbar, wenn du die Animation abspielst.

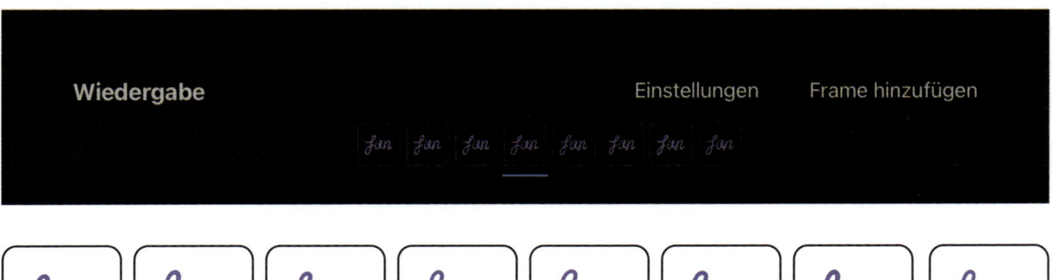

Schritt 4: Spiele deine Animation bei 12 Bildern pro Sekunde ab. Fertig ist dein wackeliger Texteffekt.

Der Wackeleffekt in Procreate Dreams

Schritt 1: Öffne *Procreate Dreams* und erstelle ein Dokument im 4K QUADRAT. Stelle die Framerate auf 12 Bilder pro Sekunde und setze die Animation auf 2 Sekunden.

Schritt 2: Aktiviere den Zeichnen-Modus und aktiviere das Daumenkino.

Schritt 3: Zeichne nun Frame für Frame das Wort »fun« immer ein klein wenig anders.

Schritt 4: Spiele deine Animation ab.

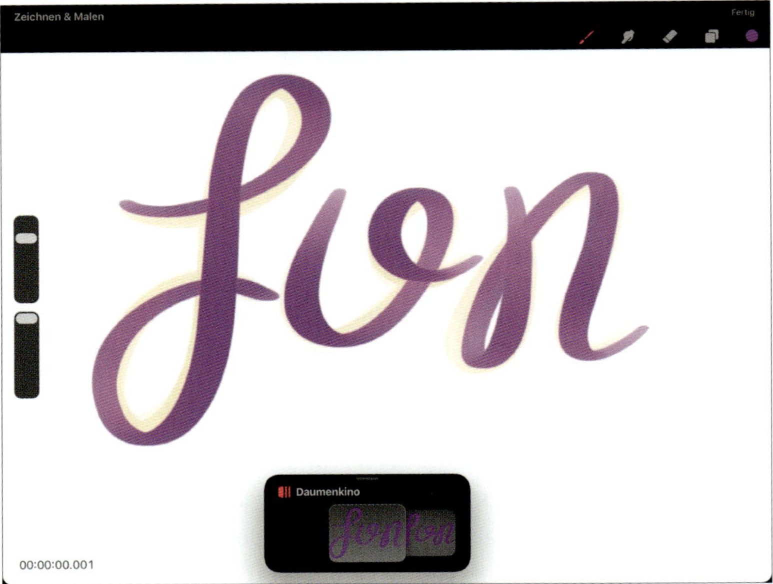

9.3 Wörter dynamisch erscheinen lassen

Du kannst verschiedene Effekte nutzen, um ein Wort besonders dynamisch erscheinen oder verschwinden zu lassen. Du kannst dabei Buchstaben hüpfen, drehen, stauchen und dehnen lassen, um nur ein paar Beispiele zu nennen. Fange bei dieser Art von Text-Animation immer mit dem letzten Frame – dem fertigen Wort – an. Dann planst du, wie die Buchstaben erscheinen sollen, und setzt dies im Anschluss Schritt für Schritt um.

Drehen, Stauchen, Hüpfen in Procreate

In diesem Projekt lassen wir das Wort »FUN« schrittweise erscheinen. Im Folgenden siehst du die einzelnen Frames abgebildet.

Schritt 1: Öffne *Procreate* und erstelle ein Dokument mit 1080x1080 px. Schreibe das Wort »FUN« in Großbuchstaben auf deine Leinwand und benutze hierfür die Schriftart **Eina 01.** Diese Schrift ist in *Procreate* vorinstalliert. Setze das Wort in die Mitte der Zeichenfläche.

Schritt 2: Rastere im Anschluss den Text, indem du auf die Ebenen tippst und im Ebenenmenü RASTERN auswählst.

Schritt 3: Teile nun den Text in ein »F«, ein »U« und ein »N« auf. Das machst du am einfachsten, indem du das Auswahlwerkzeug nutzt und dort FREIHAND wählst. Deine Ebenen sollten nun wie abgebildet aussehen. Setze im Anschluss die drei Buchstaben in eine Gruppe.

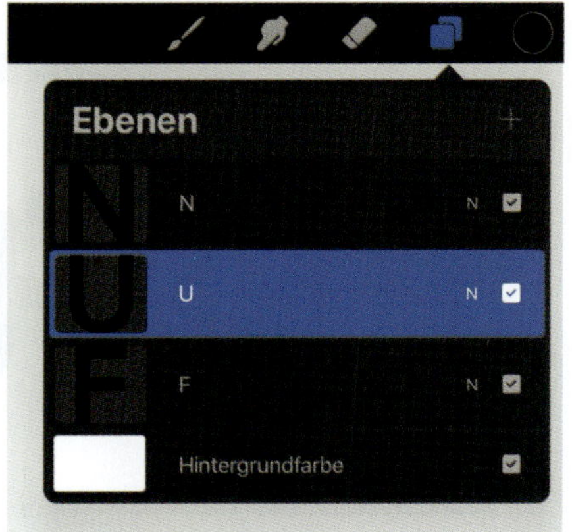

Schritt 4: Öffne den Animationsassistenten und dupliziere die »FUN«-Gruppe einmal. Wir animieren jetzt immer rückwärts und starten mit dem »F«.

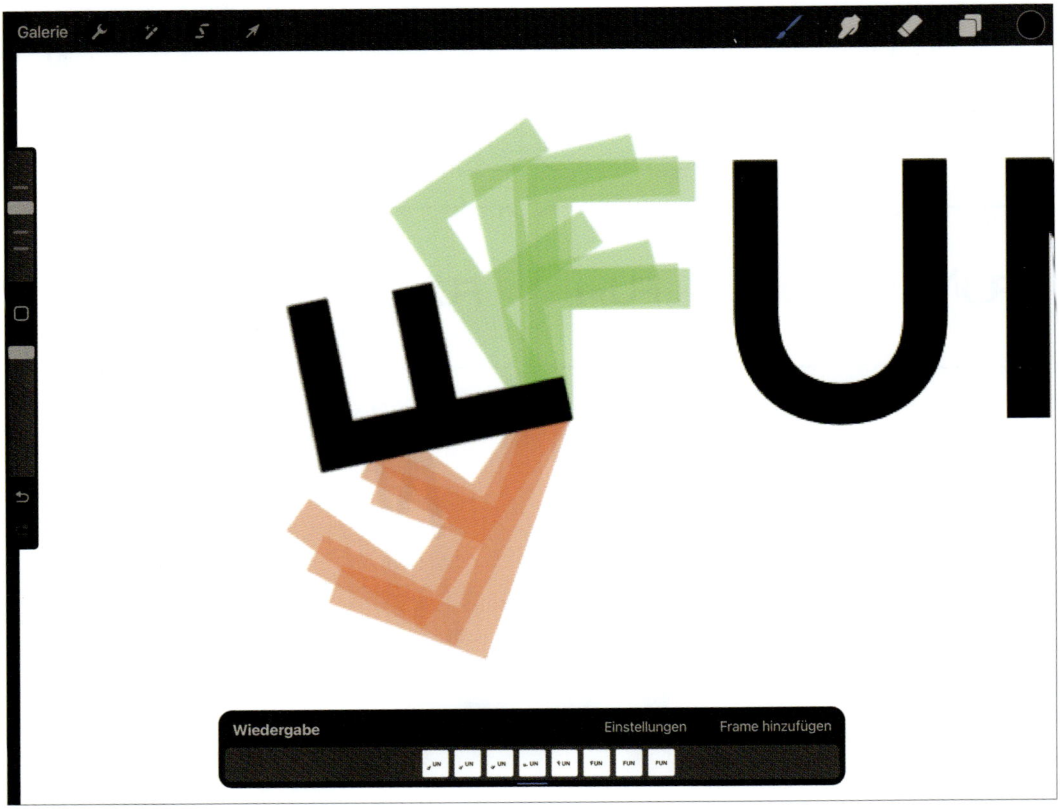

Schritt 5: Wir starten mit der Animation des »F«. Springe auf die 1. Gruppe und drehe das »F« einmal um 160 Grad nach links.

Schritt 6: Dupliziere wieder die Gruppe und drehe das »F« nun in 8 Frames nach oben. Wenn das »F« anfängt, pixelig zu werden, ist das in diesem Schritt kein Problem. Wenn du beim letzten »F« angekommen bist, duplizierst du hier noch einmal die Gruppe und lässt das »F« in 3 Frames kurz nach vorne und wieder zurück bouncen. Auf dem letzten Frame setzt du die Frame Haltedauer auf »5«.

Schritt 7: Jetzt kümmern wir uns um das »U«. Dieses soll erscheinen und in die Länge gezogen werden. Dafür soll es auf Frame 1 nur ein Strich sein. Diesen Strich erweiterst du dann in 4 Frames zum »U« . Mach das am Besten auch mit dem Verzerren-Werkzeug. Danach lässt du das das »U« deutlich in die Breite wachsen. Dann ziehst du es wieder zusammen, um beim Ausgangs-»U« zu landen.

Schritt 8: Als nächstes kommt das »N« dazu. Du kannst es für die ersten 4 Frames unsichtbar machen. Das »N« fliegt dann ab Frame 5 von der rechten oberen Seite dazu und wird dann einmal zusammengedrückt, um bei der Ausgangsposition zu landen. Springe auf Frame 5, bewege das »N« einmal weit nach oben und lasse es nun bis Frame 8 komplett herunterfallen. Auf Frame 9 wird das »N« besonders stark gestaucht und faltet sich in Frame 9 wieder auf. Auf Frame 10 sind alle Buchstaben wieder in der Ausgangsposition.

Schritt 9: Durch die Drehung und das Verzerren sind die einzelnen Buchstaben nun teilweise etwas verpixelt. Zeichne diese nun Frame für Frame mit dem Monoline-Pinsel nach. Fertig ist deine bouncy Text-Animation.

Drehen, Stauchen, Hüpfen in Procreate Dreams

Schritt 1: Öffne *Procreate Dreams* und erstelle ein Dokument im 4K Quadrat. Stelle die Framerate auf 12 Bilder pro Sekunde und setze die Animation auf 2 Sekunden.

Schritt 2: Gehe auf das + Symbol und füge den ersten Buchstaben ein. Wiederhole diesen Vorgang auch für die anderen Buchstaben. Am Ende hast du drei unterschiedliche Spuren mit den drei Buchstaben.

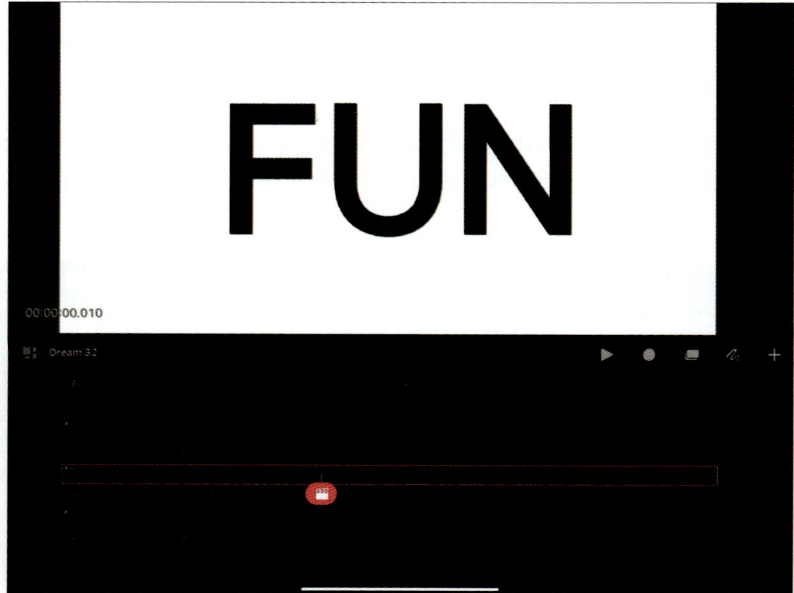

Schritt 3: Du animierst nun die unterschiedlichen Buchstaben mithilfe der Keyframe-Methode. Springe auf die unterste Spur und beginne mit dem »F«. Tippe einmal auf den Buchstaben, dann auf die drei Punkte und gehe auf Anker bearbeiten. Setze den Anker beim »F« ganz nach unten.

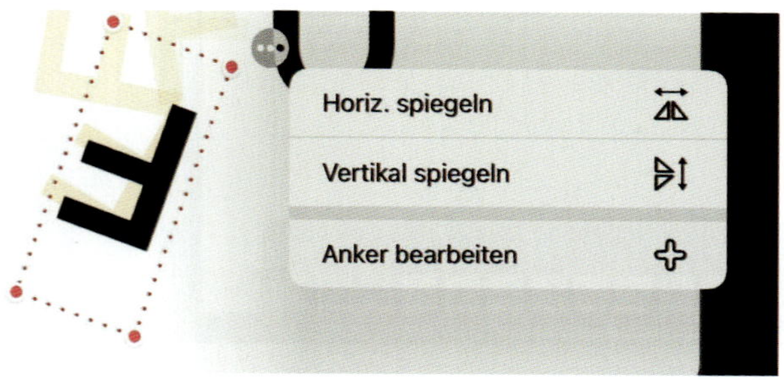

Schritt 4: Springe zu 00:00:00.005 und aktiviere hier einen BEWEGEN & SKALIEREN-Keyframe. Springe dann zurück zum Anfang und drehe den Frame einmal um 160 Grad.

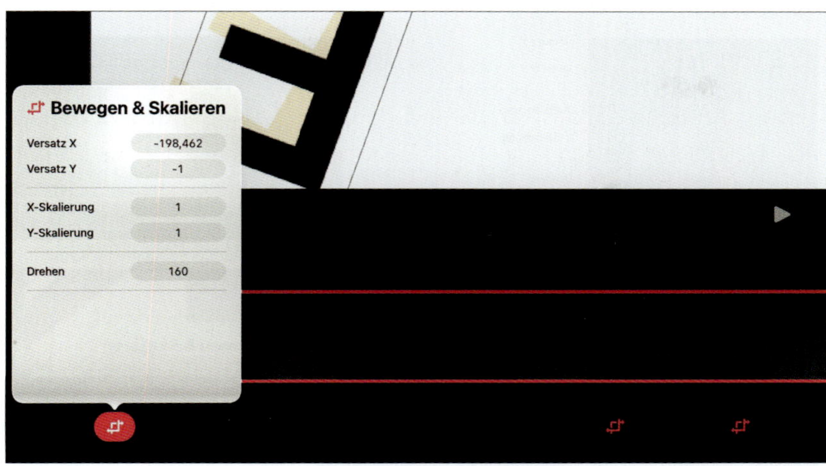

Schritt 5: Springe dann zu 00:00:00.006 und drehe den Frame um »-7«. Füge danach den Ausgangsframe bei 00:00:00.007 ein.

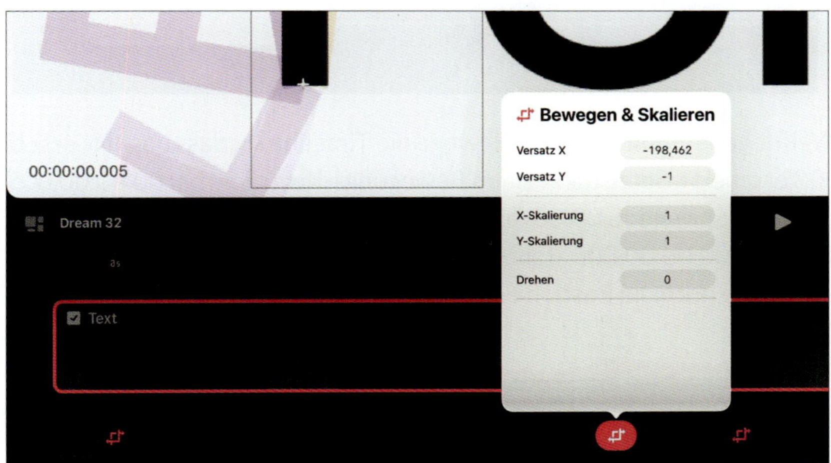

Schritt 6: Nun folgt das »U«. Aktiviere wieder BEWEGEN & SKALIEREN und setze einen Keyframe an den Anfang der Timeline. Hier veränderst du nichts. Springe dann zu 00:00:00.003 und setze die X-Skalierung auf »2«. Bei 00:00:00.006 setzt du dann die X-Skalierung wieder auf »1« in die Ausgangsposition.

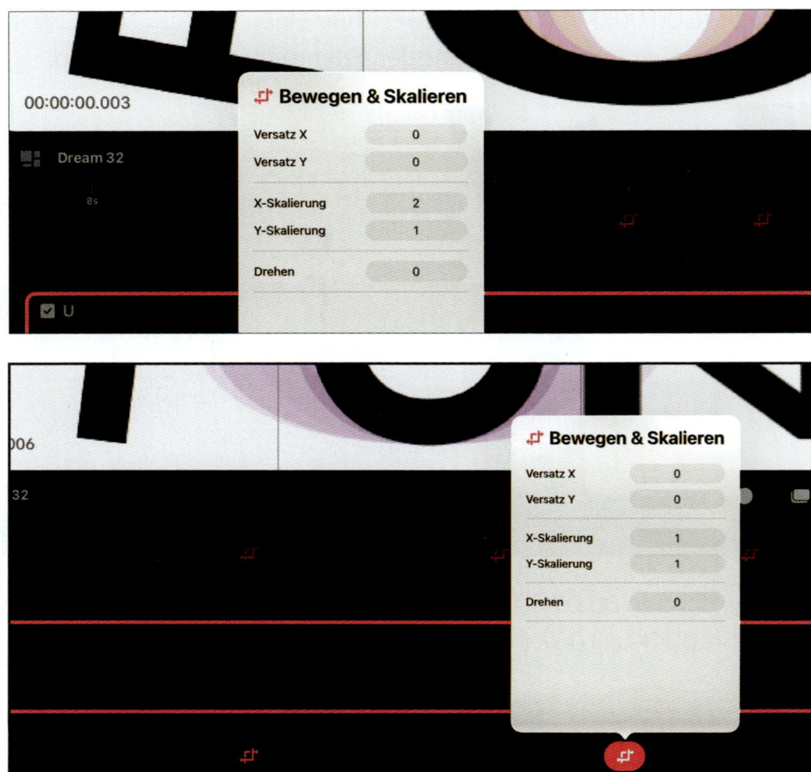

Schritt 7: Weiter geht es mit dem »N«. Bewege die Timeline so, dass das »N« erst bei 00:00:00.003 erscheint. Setze dann einen Bewegungs-Keyframe bei 00:00:00.005. Hier bewegt sich nichts. Springe zu 00:00:00.003, setze hier das »N« etwas nach oben und zieh es in die Länge. Bei 00:00:00.006 stauchst du das »N« zusammen und bei 00:00:00.007 darf es wieder seine normale Postion einnehmen. Fertig die die Text-Animation in *Procreate Dreams*.

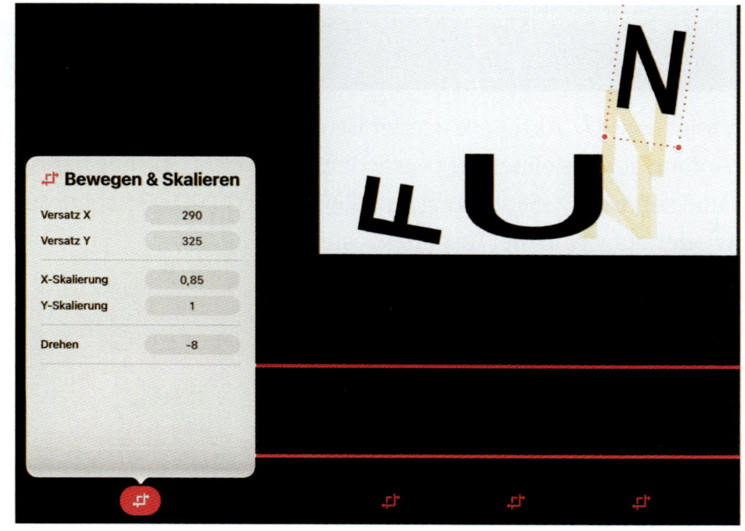

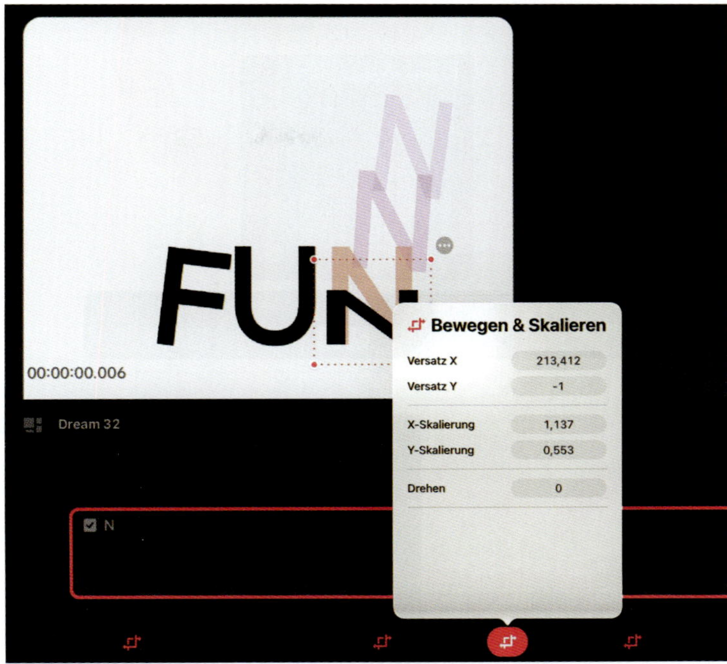

9.4 Von Zauberhand schreiben

Kennst du es, wenn sich Text wie von selbst schreibt? Diesen Effekt kannst du toll in *Procreate* und *Procreate Dreams* nachmachen.

Von Zauberhand schreiben lassen in Procreate

Schritt 1: Öffne *Procreate* und erstelle ein Dokument mit 1080x1080 px. Wähle den Schrift-Pinsel und zeichne ein geschwungenes »B« auf die Zeichenfläche.

Schritt 2: Aktiviere den Animationsassistenten und die Zwiebelschicht.

Schritt 3: Dupliziere den 1. Frame und springe dann nach hinten in der Timeline. Such dir den Radiergummi und lösche nun Frame für Frame immer ein Stückchen des Buchstabens.

Der 1. Frame sollte am Ende ganz leer sein. Dann ist die Animation fertig und du kannst sie dir bei 12 Bildern pro Sekunde anschauen.

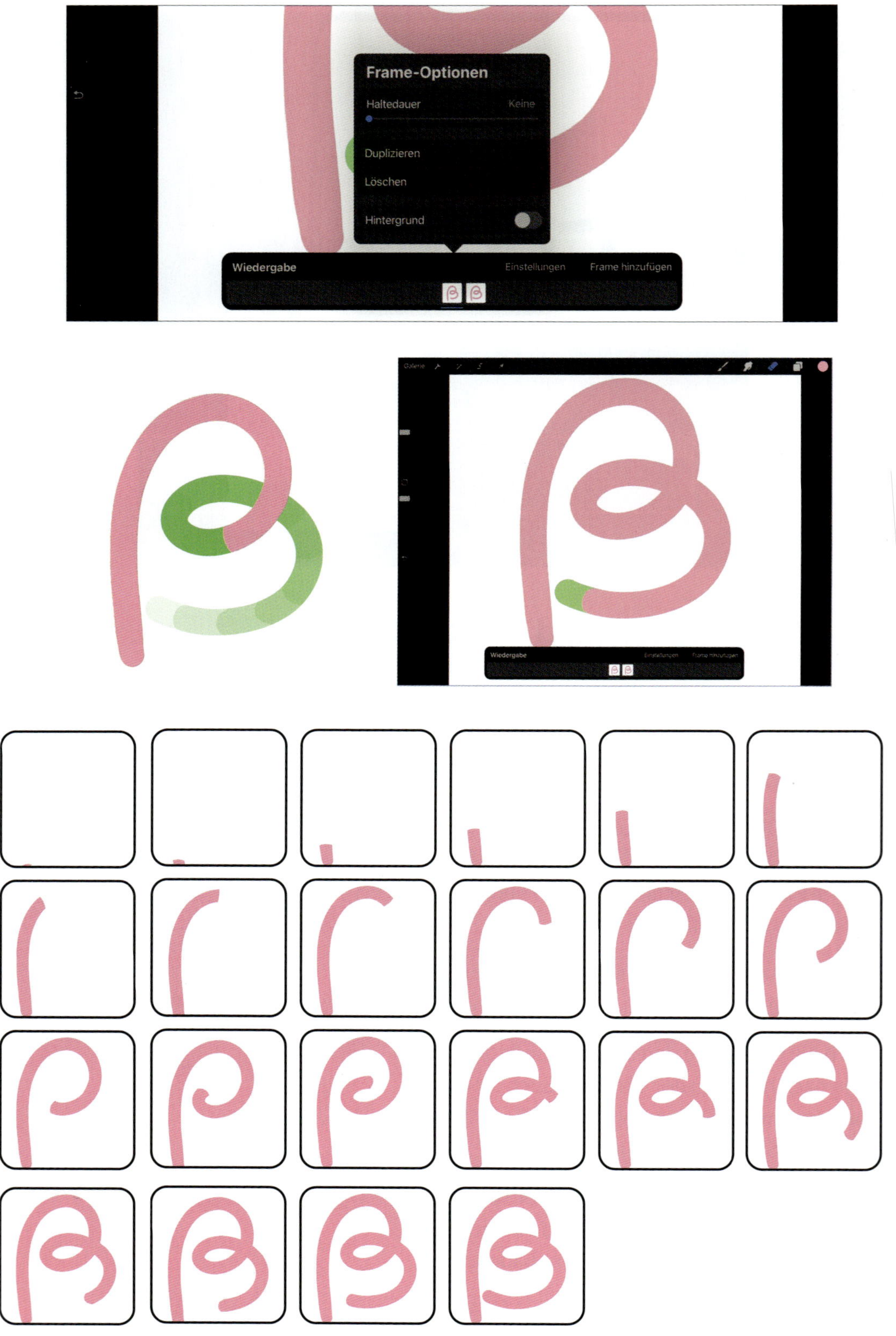
Frame-Optionen
Haltedauer
Keine
Duplizieren
Löschen
Hintergrund
Wiedergabe
Einstellungen
Frame hinzufügen

Von Zauberhand schreiben lassen in Procreate Dreams

Schritt 1: Öffne *Procreate Dreams* und erstelle ein Dokument im 4K QUADRAT. Stelle die Framerate auf 12 Bilder pro Sekunde und setze die Animation auf 2 Sekunden.

Schritt 2: Aktiviere den Daumenkino-Modus und zeichne einen geschwungenen Buchstaben auf die Leinwand.

Schritt 3: Dupliziere den Frame und lösche auch hier mit dem Radiergummi Schritt für Schritt den Buchstaben auf den Frames weg.

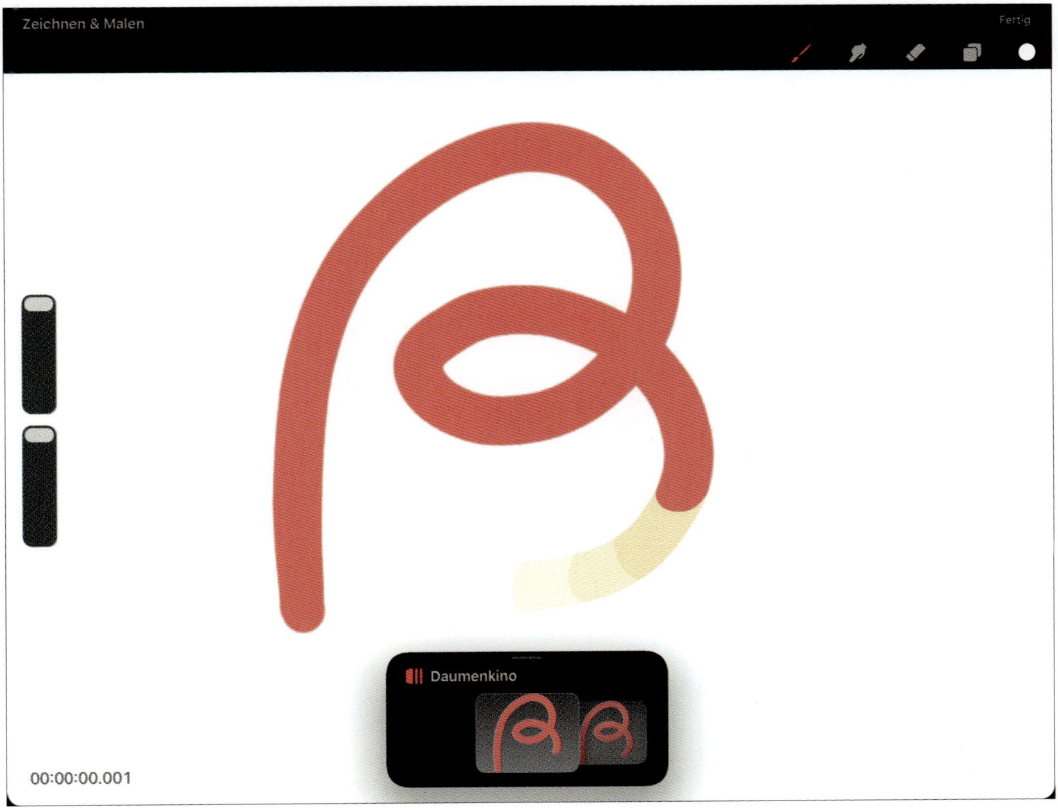

Kapitel 10

Weitere spannende Animationstechniken

Einer der faszinierendsten Aspekte von Animation ist, dass du Dinge auf dem Screen geschehen lassen kannst, die im wirklichen Leben niemals so passieren würden.

Du kannst zum Beispiel einen Rucksack mit einem Flugzeug verschmelzen lassen und damit eine kleine Geschichte erzählen. Oder du lässt einen Pinsel in einen Farbtopf schweben und färbst dann die ganze Leinwand bunt ein.

Diese Animationen werden möglich durch bestimmte Techniken. Durch Morphings kannst du mehrere Objekte miteinander verschmelzen lassen. Liquid Animation erzeugt flüssige Übergänge und organische Bewegungen.

Morphing und Liquid Animations machen mit *Procreate* und *Procreate Dreams* besonders viel Spaß. In diesem Kapitel erkläre ich dir den Einstieg in diese beiden Techniken.

10.1 Morphing

Beim Morphing wird ein fließender Übergang zwischen zwei Bildern oder Formen erstellt.

Diese Technik wird oft verwendet, um einen nahtlosen Übergang zwischen zwei Objekten, Charakteren oder Formen zu erzeugen, indem man dynamisch von der einen zur anderen Form wechselt.

Zunächst werden zwei Ausgangsbilder ausgewählt, zwischen denen die Transformation stattfinden soll. Danach erstellt man die Zwischenbilder, um die beiden Bilder miteinander verschmelzen zu lassen. Hier ist es besonders wichtig, Schwung und Bewegung mit aufzunehmen, um die Verwandlung visuell spannend zu gestalten.

Morphing-Animationen können eine großartige Möglichkeit sein, zwischen Szenen in einem animierten Video zu wechseln. Du kannst sie auch verwenden, um eine Abfolge von Schritten, eine Liste von Gegenständen oder eine Mini-Geschichte darzustellen.

Morphing-Animationsübung in Procreate

In diesem Projekt verwandelst du einen Rucksack in ein Flugzeug. Du lernst mit dieser Übung, eine Icon-Animation zu erstellen, die oft auch auf Websites eingesetzt wird.

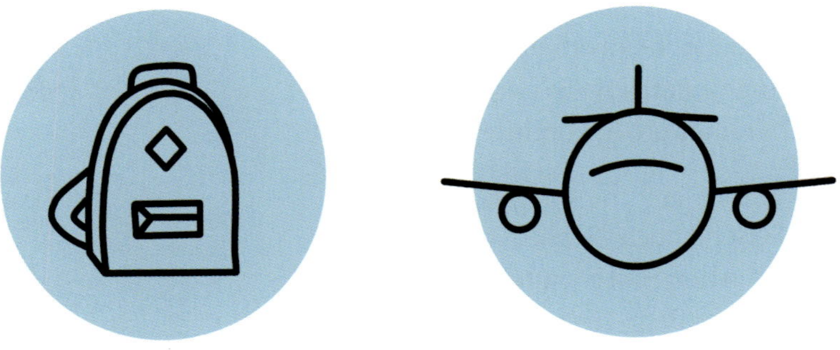

Schritt 1: Öffne *Procreate* und erstelle ein Dokument mit 1080x1080 px. Wähle den Monoline-Pinsel und zeichne einen simplen Rucksack auf die Zeichenfläche. Benutze hier nur Outlines.

Schritt 2: Erstelle eine neue Ebene und zeichne darauf ein Flugzeug.

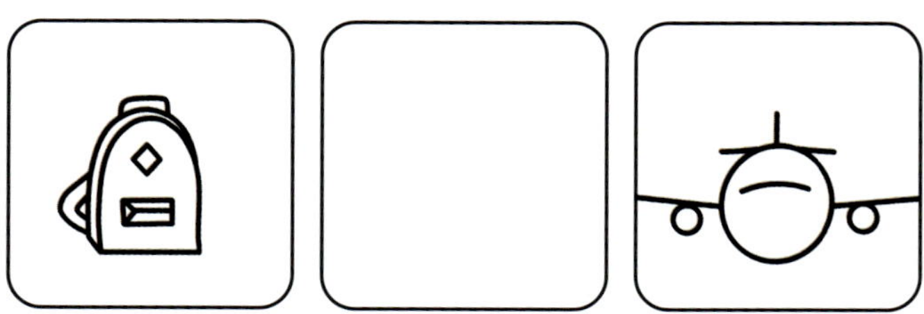

Schritt 3: Aktiviere den Animationsassistenten. Das Ziel ist es nun, eine flüssige Bewegung von Rucksack zu Flugzeug zu bekommen. Dafür kopierst du dir zunächst einmal den Rucksack und verformst ihn mit dem Transformations-Werkzeug nach rechts.

Schritt 4: Erstelle dann nach dem 2. Rucksack-Frame einen neuen leeren Frame und schalte die Zwiebelschicht ein. Löse die Linien nun weiter auf. Der Schultergurt formt sich zu dem linken Flügel. Der obere Henkel löst sich in den hinteren Flügel auf und die Tasche wird zum rechten Flügel. Diese Transformation kannst du schrittweise und relativ locker zeichnen.

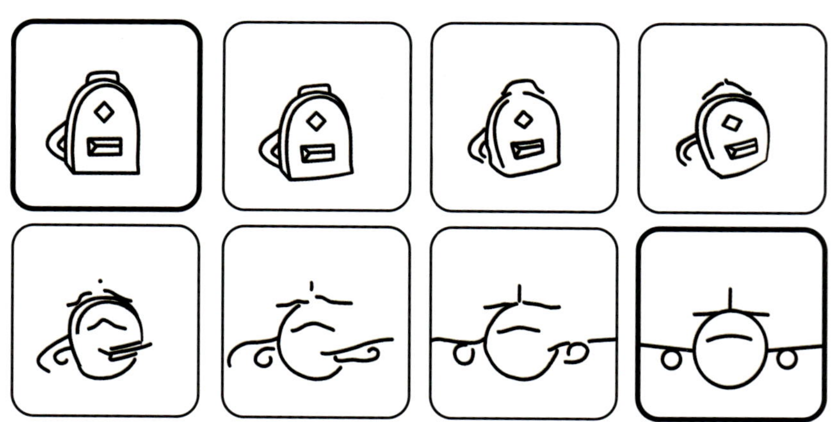

Schritt 5: Sobald du beim Flugzeug angekommen bist, setze die Haltedauer beim ersten und letzten Frame (oben fett umrandet) auf »5« und spiele die Animation bei 12 Frames pro Sekunde im Ping-Pong-Modus ab.

Du kannst anschließend noch für alle einzelnen Frames einen Kreis in den Hintergrund setzen, um der Animation mehr Pepp zu verleihen.

Morphing-Animationsübung in Procreate Dreams

Schritt 1: Öffne *Procreate Dreams* und erstelle ein Dokument im HD Quadrat. Stelle die Framerate auf 12 Bilder pro Sekunde und setze die Animation auf 2 Sekunden.

Schritt 2: Aktiviere den Daumenkino-Modus und zeichne mit dem Monoline-Pinsel einen Rucksack auf die Zeichenfläche.

Schritt 3. Erstelle einen neuen Frame und zeichne darauf mit dem Monoline-Pinsel ein Flugzeug in der gleichen Strichstärke.

Schritt 4: Füge nun die Inbetweens zwischen den beiden Schlüsselbildern ein.

Schritt 5: Verlängere den Anfang und das Ende der Animation im Bearbeitungsmodus. Sieh dir deine Animation an. Auch hier kannst du in den Einstellungen unter Timeline die Abspielweise Ping-Pong auswählen.

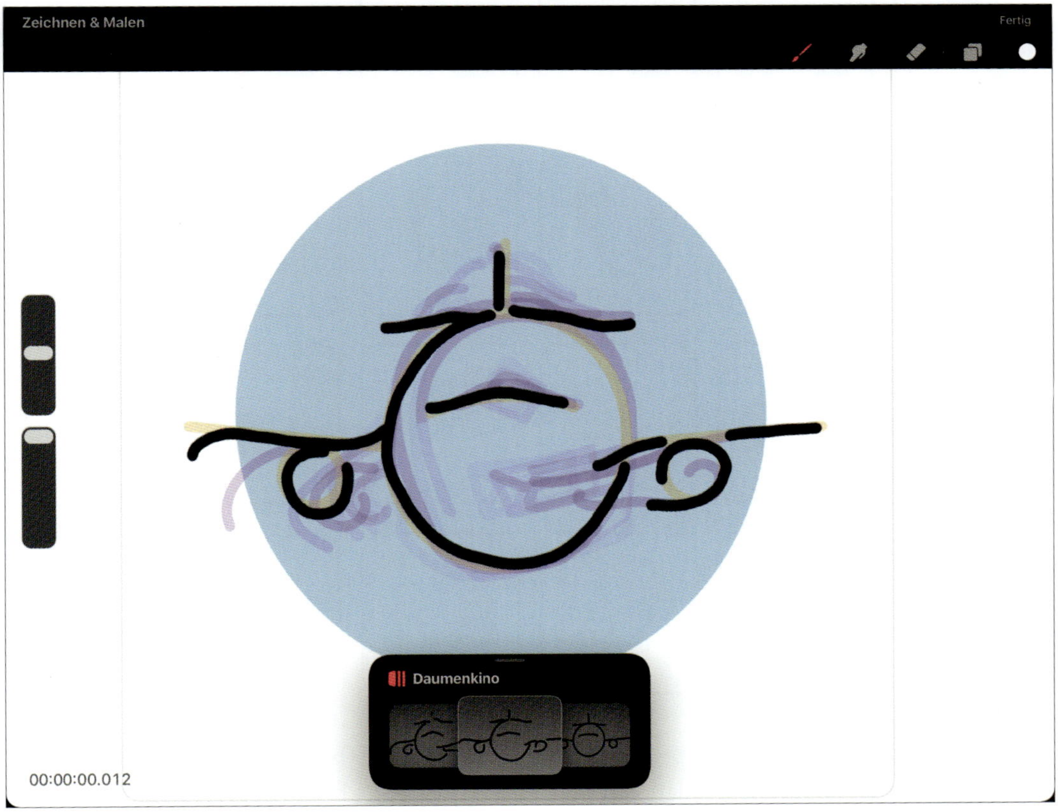

10.2 Liquid Animation

Liquid Animation wird häufig genutzt, um ästhetische und beeindruckende visuelle Effekte zu erzeugen, sei es in Form von fließenden Übergängen, faszinierenden Hintergründen oder dynamischen Bewegungen, die an Flüssigkeiten erinnern. Frame by Frame kannst du diese Animationstechnik besonders leicht umsetzen.

Liquid-Animationsübung in Procreate

In diesem Projekt lernst du, einen Pinsel in einen Farbtopf eintauchen zu lassen und dann die Leinwand mit Farbe zu bekleckern. Bei Liquid Animation musst du nicht exakt jeden Frame genauso zeichnen wie ich, da die Animation von organischen Formen lebt. Ich gebe dir daher hier nur eine grobe Anleitung, wie du das Projekt selbst nachmachen kannst. Unten siehst du meine einzelnen Frames.

Schritt 1: Öffne *Procreate* und erstelle ein Dokument mit 1080x1080 px. Zeichne einen Eimer auf Ebene 1. Auf Ebene 2 zeichnest du einen Pinsel. Füge beide Ebenen in einer Gruppe zusammen.

Schritt 2: Animiere jetzt in 9 Frames, wie der Pinsel in den Eimer tunkt. Das machst du, indem du den Pinsel schrittweise drehst. Beachte hier immer das Timing und setze am Anfang und am Ende der Bewegung mehrere Frames.

Schritt 3: Ziehe dann Eimer und Pinsel zusammen und lasse beide von der Zeichenfläche verschwinden.

Schritt 4: Jetzt kommt die Farbe ins Spiel. Springe zum 3. Frame (wenn der Pinsel gerade hochkommt) und öffne die Gruppe mit Pinsel und Eimer. Erstelle eine neue leere Ebene und zeichne dort gelbe Farbe, die nach oben spritzt.

Schritt 5: Im nächsten Frame wiederholst du den Vorgang, ziehst die Farbe etwas weiter nach oben und tauchst auch den Pinsel in Farbe.

Schritt 6: Bewege nun die Farbe schwungvoll in jedem Frame einmal um den Pinsel und den Eimer herum. Am Ende sind Eimer und Pinsel weg. Hier lässt du aber die Farbe noch nachziehen.

Schritt 7: Um den Loop perfekt zu machen, lässt du die Farbe im Anschluss wieder in den Eimer fallen. Die Animation startet im Anschluss dann wieder mit dem Pinsel, der in den Eimer tunkt.

Schritt 8: Spiele die Animation bei 12 Bildern pro Sekunde ab und stelle die Abspielweise auf UNENDLICH ein.

Liquid-Animationsübung in Procreate Dreams

In *Procreate Dreams* kannst du diese Animation auch schnell nachmachen, arbeite hier am besten mit unterschiedlichen Spuren und beginne ebenfalls mit Eimer und Pinsel.

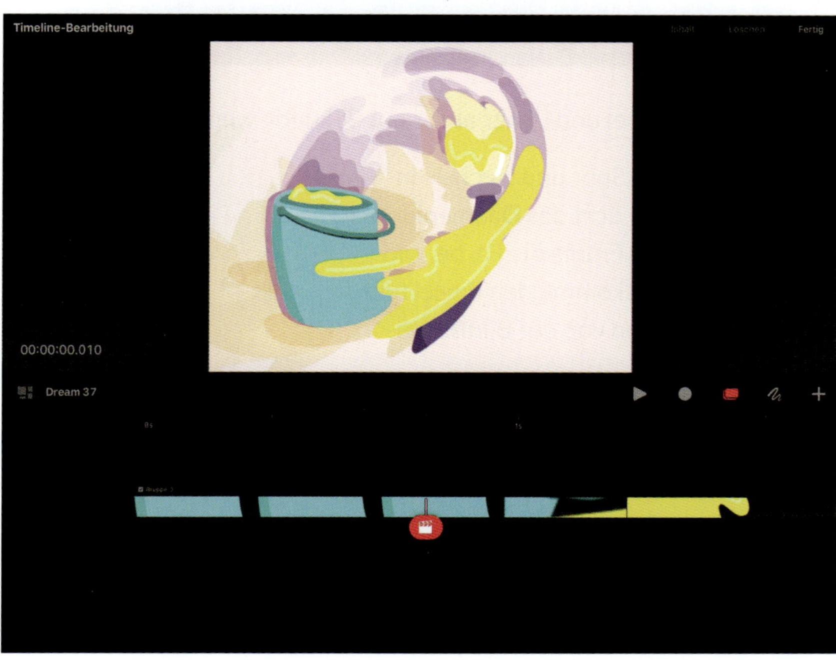

Schritt 1: Öffne *Procreate Dreams* und erstelle ein Dokument im HD QUADRAT. Stelle die Framerate auf 12 Bilder pro Sekunde und setze die Animation auf 2 Sekunden.

Schritt 2: Aktiviere den Zeichnen-Modus und zeichne einen Eimer auf die erste Spur.

Schritt 3: Erstelle eine neue Spur und zeichne darauf einen Pinsel.

Schritt 4: Bewege den Pinsel auf Spur 1 mithilfe von Bewegungs-Keyframes einmal in den Topf und wieder zurück. Damit es so aussieht, als ob der Pinsel eintunkt, kannst du über der Pinselspur noch einmal den Eimer setzen und den hinteren Bereich wegradieren.

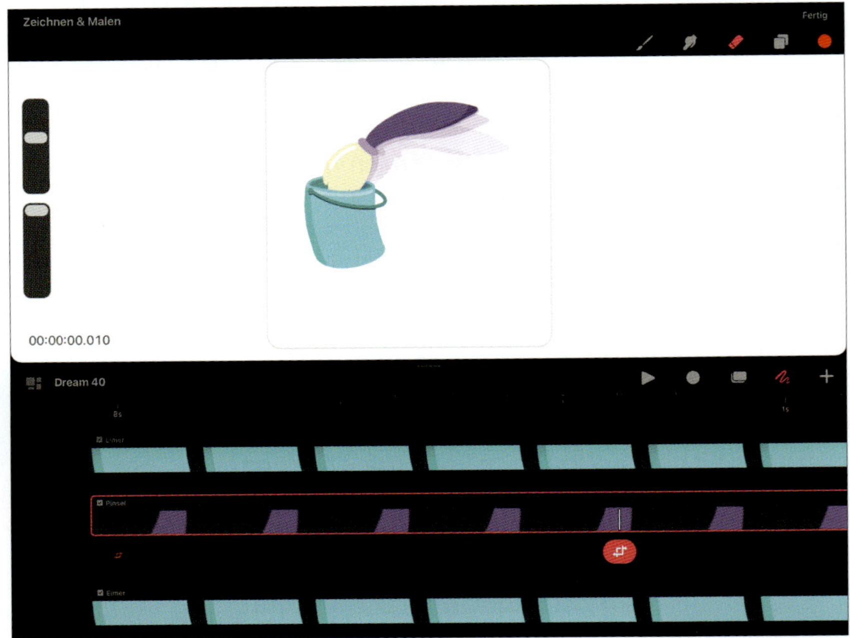

Schritt 5: Bewege dann Pinsel und Eimer ab circa 1 Sekunde weg von der Zeichenfläche.

Schritt 6: Erstelle eine neue Spur und wechsle in den Zeichnen-Modus. Stelle dort das Daumenkino ein. Zeichne dann Frame für Frame die Farbe, wie sie erst aus dem Topf herauskommt, den Pinsel und den Eimer umkreist und dann von der Bildfläche verschwindet.

Schritt 7: Am Ende kannst du deine Animation abspielen und abspeichern.

Kapitel 11

Animierte Bilder für Social Media – Die bunte Welt der GIFs

Wenn du erst einmal angefangen hast zu animieren, kommst du an GIF-Stickern nicht mehr vorbei. Die kurzen animierten Bildchen verschönern Instagram-Stories oder sorgen in Newslettern für den einen oder anderen Wow-Effekt. Jeder kann eigene GIFs erstellen und sichtbar machen auf Social Media. Dafür benötigst du nur einen Giphy-Account. Ich zeige dir in diesem Kapitel, wie du das am besten hinbekommst.

11.1 Was ist ein GIF-Sticker?

GIF-Sticker sind kleine, animierte Grafiken oder kurze Animationen, die aufgrund ihres geringen Speicherplatzbedarfs einfach geteilt und in Nachrichten oder Beiträgen verwendet werden können. GIF-Sticker haben einen transparenten Hintergrund und können so einfach auf Bilder gelegt werden. Du kannst sie zum Beispiel in den Instagram-Storys nutzen. Dort gibt es bereits GIF-Sticker zu einer Vielzahl von Themen – von Emojis und Reaktionen bis hin zu saisonalen Anlässen, Feiertagen, Popkultur und mehr.

11.2 Wie erstellt man GIF-Sticker

Alle Projekte in diesem Buch kannst du theoretisch auch als GIF-Sticker abspeichern. Am einfachsten ist es, wenn du die Sticker mithilfe der App *Procreate* erstellst. In *Procreate Dreams* benötigst du aktuell noch eine extra Lösung, da es zum Zeitpunkt der Erstellung dieses Buches noch nicht möglich ist, GIF-Sticker direkt aus *Procreate Dreams* heraus zu speichern.

Einen GIF-Sticker kannst du aus *Procreate* heraus speichern, indem du auf TEILEN > ANIMIERTE GIF tippst. Stelle hier einen transparenten Hintergrund beim Abspeichern ein.

Lass uns das einmal gemeinsam am Beispiel eines **Regenbogen-GIF-Stickers** durchgehen.

Schritt 1: Öffne *Procreate* und erstelle eine neue Leinwand mit 1080x1080 px.

Schritt 2: Male einen Regenbogen auf die Zeichenfläche. Füge alles in eine Gruppe zusammen und aktiviere den Animationsassistenten.

Schritt 3: Dupliziere die Gruppe und färbe nun den Regenbogen in 5 Frames unterschiedlich ein. Am schnellsten kannst du das unter ANPASSUNGEN > FARBTON, SÄTTIGUNG, HELLIGKEIT machen.

Schritt 4: Verkleinere nun die Leinwand auf die Größe des Regenbogens.

Schritt 5: Speichere den Regenbogen als ANIMIERTES GIF ab. Du kannst hier mit DITHERING und dem ALPHASCHWELLENWERT experimentieren, sollte das GIF ausgefranste Kanten haben.

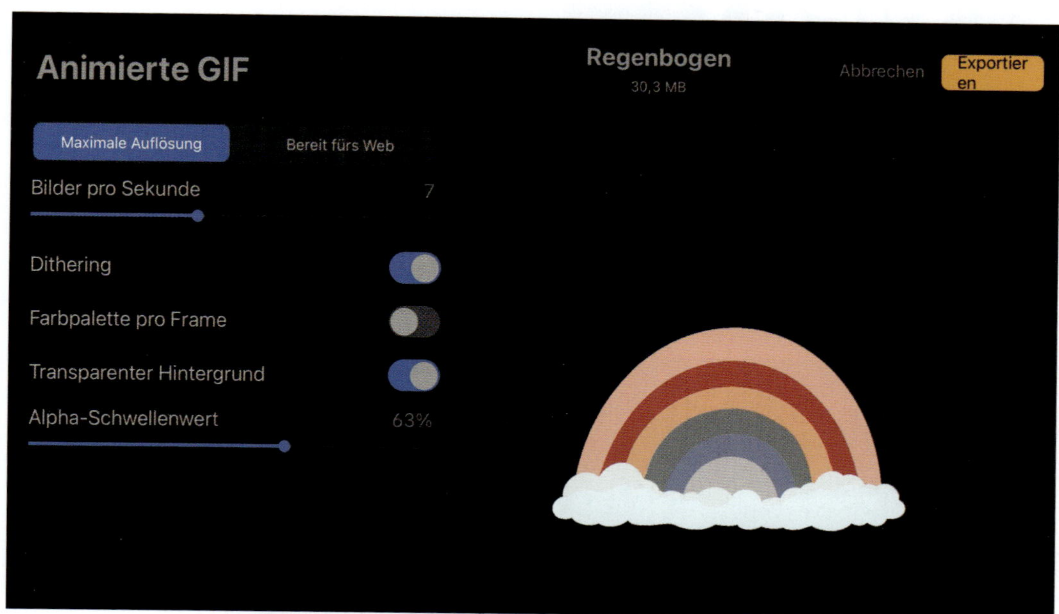

11.3 Die Bewerbung bei Giphy

Damit deine eigenen GIFs auch auf Instagram von Anderen genutzt werden können, musst du dich offiziell bei *Giphy.com* anmelden.

Giphy ist eine Suchmaschine für GIFs. Plattformen wie Facebook, Instagram, Twitter, WhatsApp und viele andere integrieren Giphy, was es den Nutzern leicht macht, animierte GIFs in ihren Beiträgen, Kommentaren oder Nachrichten zu verwenden.

Giphy fördert eine aktive Community von GIF-Erstellern und Künstlern, die ihre eigenen animierten Kreationen auf der Plattform hochladen und teilen können. Wie du dich dort anmelden kannst, um Teil der GIF-Community zu werden, verrate ich dir auf den nächsten Seiten.

Schritt 1: Die Anmeldung

Auf *Giphy.com* kannst du deine fertigen GIF-Sticker hochladen, damit diese dann im Anschluss auf Instagram und Co sichtbar sind.

Damit die GIFs von anderen gefunden werden können, musst du dich zunächst für einen Brand oder Artist Channel bewerben. Das ist komplett kostenlos und die Bewerbung dauert im Idealfall nicht lange.

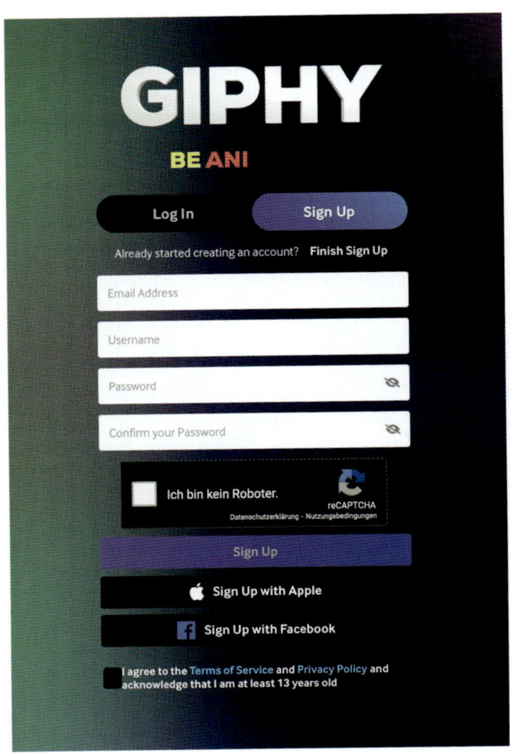

Der Bewerbungsprozess ist einfach:

Erstelle zunächst einen kostenlosen Account auf Giphy:

https://giphy.com/login

Wichtig: Verwende für die Bewerbung als Brand Channel eine Firmen-E-Mail-Adresse!

Also nicht blume23@yahoo.de, sondern eine Adresse wie hallo@unternehmen.de.

Der Benutzername sollte ebenfalls der Unternehmensname sein. Bestätige einmal die E-Mail-Adresse und richte den Kanal fertig ein.

Artist Accounts können auch eine private E-Mail-Adresse nutzen. Gib am besten Links zu deinem Portfolio mit an. Füge in den Channel Settings unter About die Profilbeschreibung ein und gib die Links zu weiteren Kanälen (Website & Social Media) an.

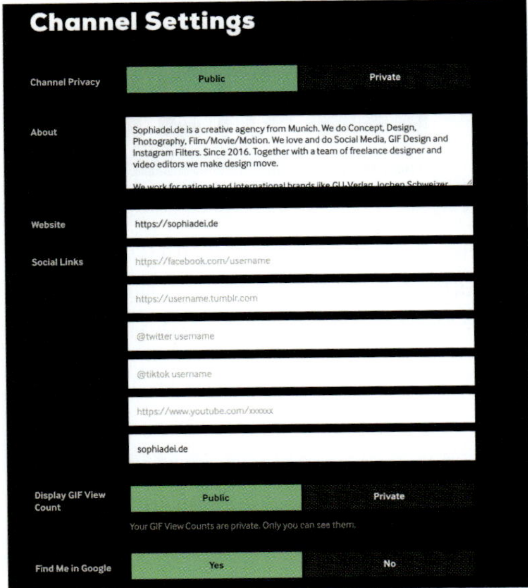

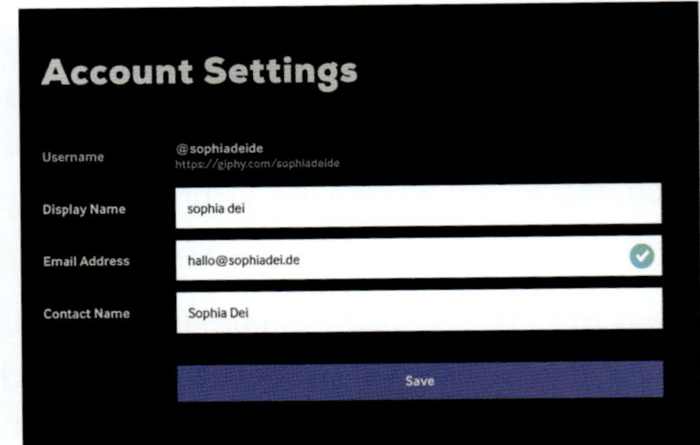

Die Bestätigung der E-Mail Adresse erkennst du an dem grünen Haken. Stelle den Account im Anschluss auf Public. Dieser ist damit öffentlich und für andere zu finden.

Schritt 2: Sticker hochladen

Jetzt kannst du 5 bis 10 GIF-Sticker hochladen: Klicke dafür oben rechts auf Upload.

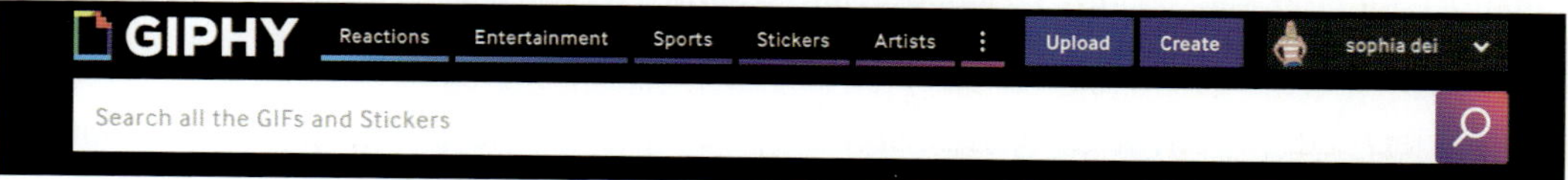

Wähle Sticker (ein GIF benötigt einen transparenten Hintergrund) und klicke auf Choose File.

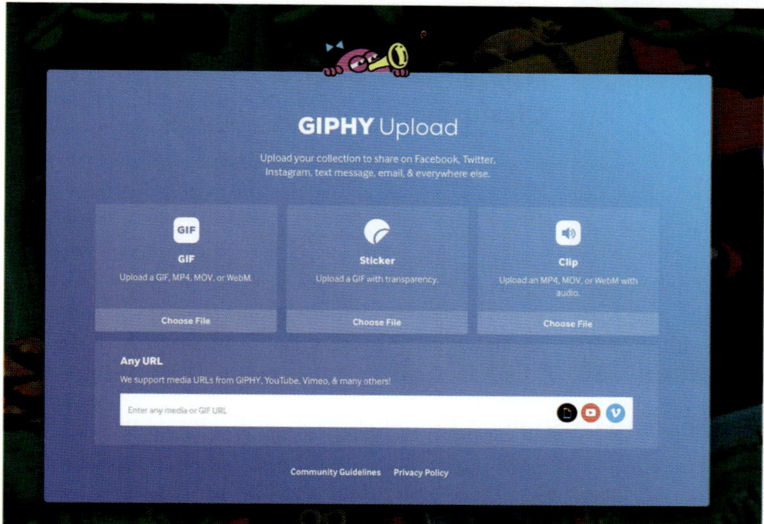

Füge jetzt alle relevanten Infos zu dem Sticker hinzu: Verwende passende Tags (Suchbegriffe), damit deine GIFs gefunden werden können. Füge nun den Link zur Website und den Namen des Unternehmensaccounts hinzu.

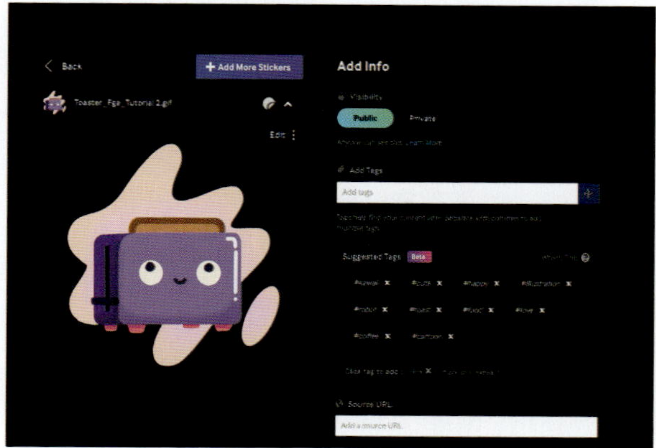

Stelle das GIF auf public und klicke Upload to Giphy.

Schritt 3: Die Bewerbung

Sobald du mindestens 5 GIFs hochgeladen hast, kannst du auf die Support-Seite gehen und dort auf Here klicken: *https://support.giphy.com/hc/en-us/articles/360019977992-Apply-For-A- Brand-Channel*

Du hast jetzt bereits alle wichtigen Einstellungen eingerichtet und kannst die Bewerbung einfach abschicken.

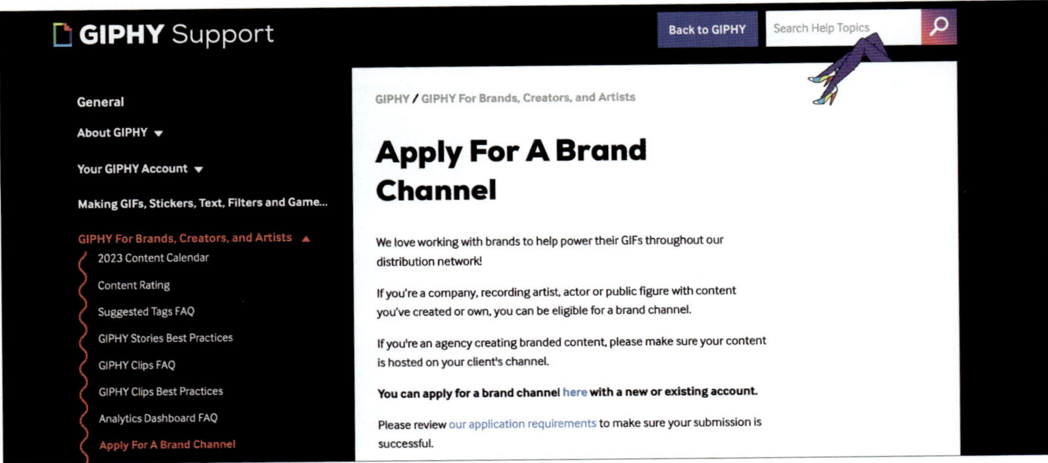

In der Regel dauert es ein paar Stunden, bis dein Kanal verifiziert ist und du eine Bestätigungs-E-Mail von Giphy bekommst. Innerhalb von 1 bis 2 Tagen erscheinen deine GIFs dann auch auf Instagram.

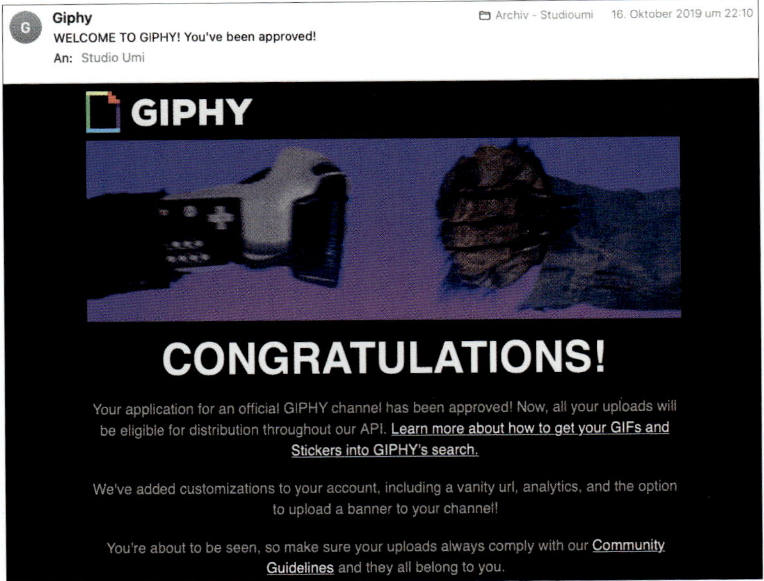

Kapitel 12

Tipps und Tricks

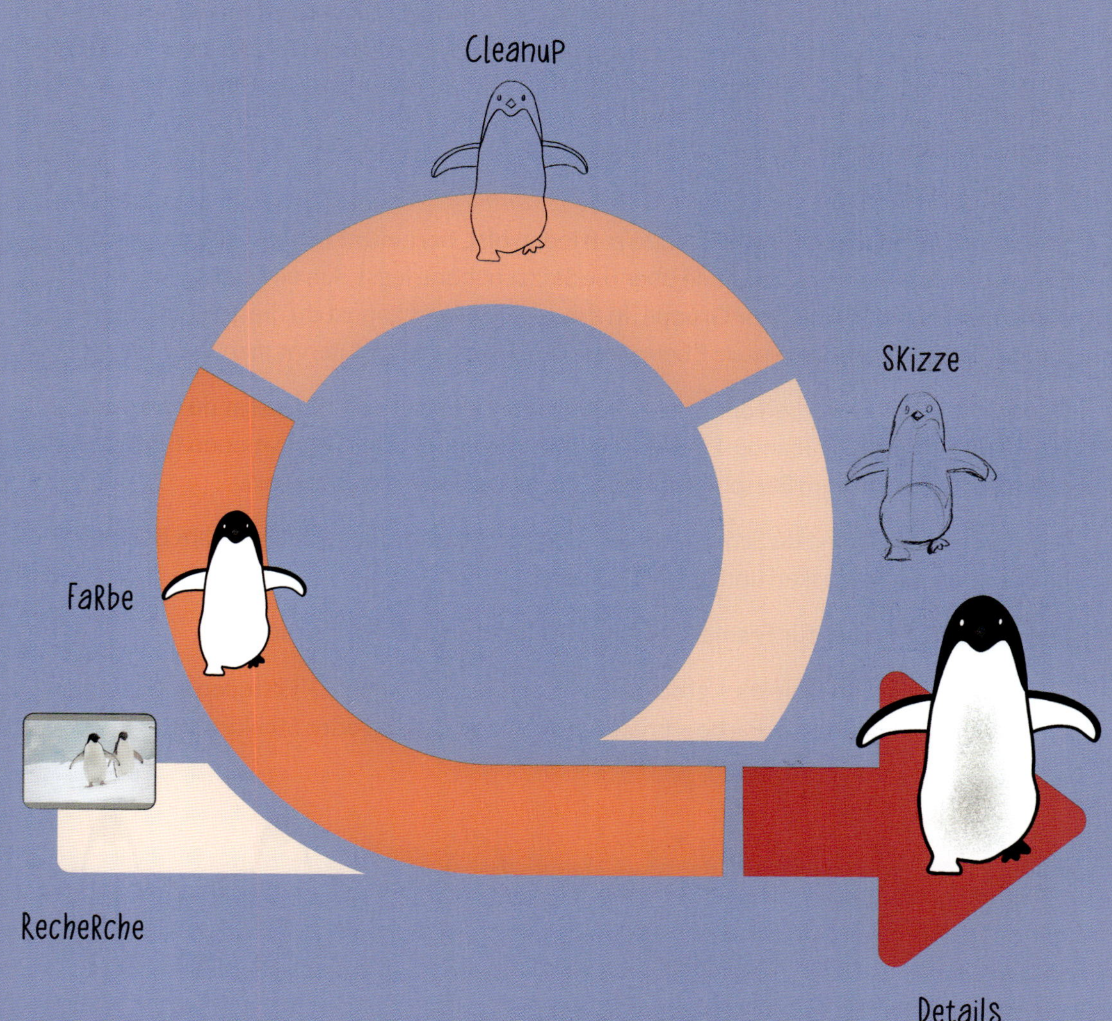

12.1 Optimierung des Workflows

Das Wichtigste, das ich dir zum Schluss mitgeben möchte, ist, dass du einfach alles animieren kannst, was du dir vorstellst. Die Grundlagen, die du in diesem Buch gelernt hast, kannst du Schritt für Schritt auch auf andere Gegenstände, Tiere oder Bewegungsabläufe anwenden.

Frame-by-Frame-Animation braucht relativ viel Zeit. Daher solltest du deine Prozesse so einfach wie möglich gestalten. Überlege dir zunächst ganz genau, was du animieren möchtest, und plane deine Animationen vor. Hier kann es helfen, sich echte Referenzen anzuschauen, zum Beispiel Filmaufnahmen von bestimmten Bewegungsabläufen auf YouTube und Co, oder du filmst dich selbst, wie du eine bestimmte Bewegung ausführst.

Dann startest du mit simplen, groben Bewegungsskizzen. Nimm hier in *Procreate* am besten einen Skizzierpinsel wie den 6B-Pinsel.

Erst wenn du mit deiner groben Skizze zufrieden bist, bereinigst du diese durch saubere Linien, die du auf eine neue Ebene über die Skizzenebene legst. Am einfachsten machst du das in *Procreate* mithilfe einer Gruppe. In *Procreate Dreams* kannst du die Zeichenebenen nutzen und auch hier eine neue Ebene erstellen. Diesen Schritt nennt man auch Cleanup.

Danach folgt das Einfärben der unterschiedlichen Objekte. Dafür erstellst du eine neue Ebene unterhalb der Cleanup-Ebene und füllst diese mit Farbe. Inspirationen für tolle Farbpaletten findest du zum Beispiel auf *https://coolors.co/* oder auf Pinterest.

Im letzten Schritt fügst du Schattierungen und Strukturen hinzu. Mach das am Besten mithilfe von Clipping-Masken und der Alphasperre.

Der einfache Prozess für Frame-by-Frame-Animationen sieht also so aus:

Studieren des realen Objekts – grobe Animationsskizze (Roughs) – Erstellen sauberer Linien (Cleanup) – Füllung mit Farbe – finale Details wie Schatten oder Strukturen.

12.2 Animationen für Social Media und Webprojekte aufbereiten

Viele der Animationen in diesem Buch sind zu kurz, um sie direkt auf Social Media zu teilen. Für Instagram benötigst du zum Beispiel mindesten 3 Sekunden lange Clips. Daher empfehle ich immer, diese vor dem Upload zu verlängern. Da wir in diesem Buch mit einem geschlossenen Bewegungsablauf, also einem wiederkehrenden Loop, gearbeitet haben, können wir die einzelnen Filmchen unendlich nach hinten verlängern, indem wir die Clips mehrfach kopieren. Hierfür gibt es zwei Wege.

Weg 1: Animationen mit Apps wie Inshot direkt auf dem iPad verlängern

Wenn du die Animation in *Procreate* erstellt hast, kannst du eine Video-Editor-App wie *Inshot* dafür nutzen, deinen Clip zu verlängern.

In *Inshot* importierst du deinen Clip über Neu erstellen > Video. Dann duplizierst du den Clip 4 bis 5 Mal, indem du auf Duplikat in der Video-Editor-Leiste klickst.

Klicke dann auf den Bereitstellungspfeil rechts oben und speichere die verlängerte Animation ab.

Selbstverständlich kannst du hierfür auch eine andere Video-Editor-App verwenden. Ich habe mit *Inshot* aber immer gute Erfahrungen machen können.

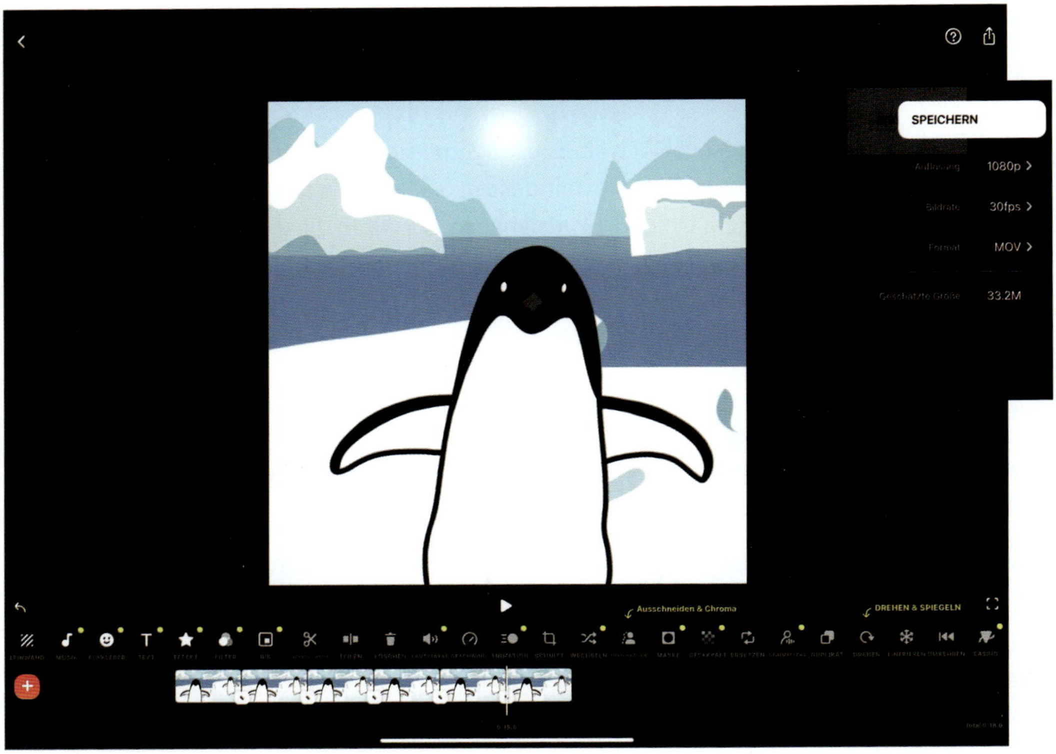

Weg 2: Animationen mit Procreate Dreams verlängern

Der zweite Weg ist der direkte Weg über *Procreate Dreams*. Verlängere die gesamte Animation in den Einstellungen unter EIGENSCHAFTEN auf 10 bis 30 Sekunden. Setze dann alle einzelnen Frames in eine Gruppe und dupliziere diese Gruppe mehrfach nach hinten.

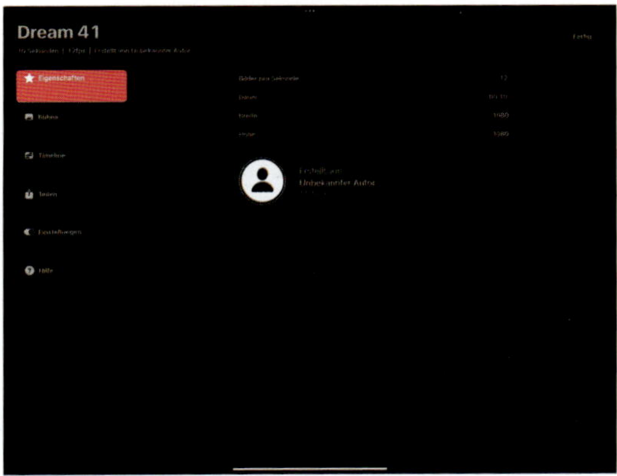

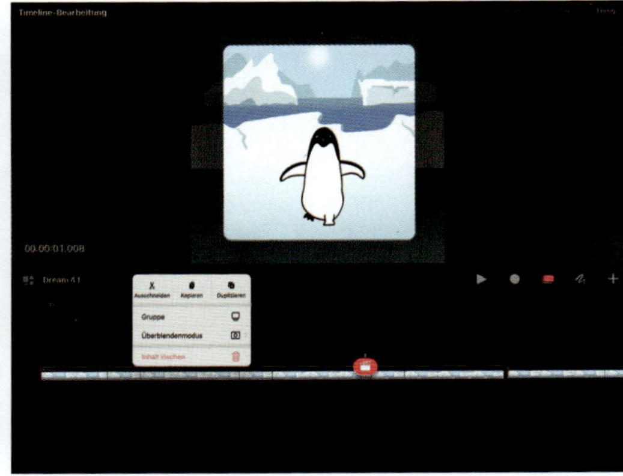

Speichere die verlängerte Animation im Anschluss als Video in deinen Fotos ab.

12.3 Die richtigen Größen für deine Projekte

Je nach Format und Medium benötigst du unterschiedliche Dateiformate und Größen für deine Kreationen. Hier bekommst du eine kurze Übersicht, wann du welches Format nutzen solltest.

Websites

Nutze ein GIF-Format, um eine Animation direkt in deine Website einzubauen. Da es für Websites wichtig ist, dass du die Ladezeiten so gering wie möglich hältst, sollte das GIF nicht zu groß sein. Versuche, ein GIF mit wenigen KBs zu erstellen.

Format: GIF
Bildgröße: 520 – 1080 px breit
Dateigröße: 250 – 500 KB

Mein Pro-Tipp für schlanke GIFs: Nutze die App *IMG Play*, um deine GIFs zu verkleinern. Hier kannst du GIFs hochladen und beim Abspeichern die genaue Größe für dein GIF auswählen.

Videos (YouTube)

Das Standartformat für Videos ist 1920x1080 px. Videos speicherst du am besten als MP4 ab.

Format: MP4
Bildgröße: 1920x1080 px

Instagram

Je nachdem, ob du deine Animation als Beitrag, Reel oder Story speichern möchtest, musst du unterschiedliche Größen nutzen. Wichtig ist es, dass du die Animationen im MP4-Format speicherst.

Format: MP4
Bildgröße für Reels & Stories: 1080x1920 px
Bildgröße für hochformatige Beitrage: 1080x1350 px
Bildgröße für quadratische Beiträge: 1080x1080 px

Tipp: Ich erstelle meine Animationen am liebsten im quadratischen Format (1080x1080px), da ich davon ausgehend die meisten meiner Animationen schnell in die Höhe oder die Breite verlängern kann.

Schlusswort

Ein paar Worte zum Schluss. Du hast mit diesem Buch einen ersten Einblick in die Welt der Animation bekommen. *Procreate* und *Procreate Dreams* machen den Einstieg in diese wundervolle Branche heutzutage besonders leicht. Dabei werden sich die beiden Programme in Zukunft sicher noch weiterentwickeln und neue Funktionen bieten, die jetzt vielleicht noch nicht in diesem Buch beschrieben sind. Mir war es deshalb besonders wichtig, dass du die Grundlagen lernst, die du dann auch in anderen Programmen anwenden kannst. *Procreate* und *Procreate Dreams* sind nur die Werkzeuge, die dich dabei unterstützen sollen, deine fantastischen Idee umzusetzen.

Deswegen ist es jetzt nach der Lektüre dieses Buches am allerwichtigsten, dranzubleiben und immer wieder zu üben. Ich selbst setze mir zum Beispiel regelmäßige Animations-Challenges und teile diese mit meinen Instagram-Followern, um zumindest jede Woche eine kleine Animation zu erstellen und ein wenig Druck von außen zu haben.

Wenn du dich einmal mit Frame-by-Frame-Animation wohlfühlst und du einen Schritt weiter gehen möchtest, empfehle ich dir das Programm *After Effects* als nächstes zu lernen. Die Animationsbranche wächst und je mehr Videocontent auftaucht, desto mehr werden talentierte Motiondesigner und -designerinnen gesucht.

Trends in der Animationsbranche ändern sich schnell, da ständig neue Technologien entwickelt werden. Jedoch bleiben die Animationsprinzipien immer gleich. Es lohnt sich also, hier noch tiefer einzusteigen. Schau dir die Bücher »The Illusion of Life« von Frank Thomas & Ollie Johnson und »The animator's survival kit« von Richard Williams einmal an. Sie sind die Standardwerke für Animation.

Wenn du noch Fragen hast, oder unsicher bist, besuche gerne meine Online-Animationskurse oder schaue auf meiner Homepage *www.studio-umi.de* und meinen Social-Media-Kanälen vorbei.

Egal, wie du weitermachst, das Wichtigste ist, dass du dran bleibst und vorallem viel Spaß daran hast, deine Bilder zum Leben zu erwecken.

Ich wünsche dir viel Spaß beim Animieren und eine wundervolle Zeit mit *Procreate* und *Procreate Dreams*.

Machs gut und *Make it Move*,
deine Sophia

Danke!

Vielen Dank an alle, mit denen ich leidenschaftlich über Animation fachsimplen konnte, und vorallem an die, die mich bei der wahnsinnigen Idee, dieses Buch zu schreiben, unterstützt haben. Mit diesem Buch geht für mich ein Traum in Erfüllung und das habe ich vielen Menschen zu verdanken.

Zu allererst danke an **dich**, dass du dieses Buch in den Händen hältst und bereit bist, mit mir den Weg der Animation zu gehen. Deine Unterstützung und dein Vertrauen bedeutet mir sehr viel und bestätigen mich jeden Tag, auf diesem Weg richtig zu sein.

Danke **Tobi,** dass du immer hinter mir stehst und an mich glaubst, egal was kommt. Ohne dich wäre dieses Buch nicht möglich gewesen und deine Unterstützung bedeutet mir die Welt.

Immer dankbar bin ich meinen Eltern, die mich auf meinem bisherigen Weg stetig unterstützt haben. Mein **Papa** hat mir die Sterne gezeigt und meine **Mama** ist der sichere Halt auf dem Boden. Ich danke euch!

Danke an **Rosi, Klaus, Molly, Lara, Chris** und **Amme** für die liebevolle Kinderbetreuung. Mit zwi kleinen Kindern ein Buch zu schreiben, geht nur mit einem Dorf. Danke für eure Unterstützung.

Danke an **Tanja H.**, ohne die dieses Buch wahrscheinlich nie entstanden wäre.

Danke an **Tanja W.**, die mich immer wieder mental aufgebaut hat, wenn ich zu sehr an der Buchidee verzweifelt bin.

Danke an den **mitp Verlag**, der es möglich gemacht hat, dass mein Traum Realität geworden ist, und vorallem Danke an **Sabine**, dass du mir so viele Freiheiten gelassen hast und an die Buchidee von Anfang an geglaubt hast.

Außerdem danke ich meinen Kursteilnehmenden, die mich mit ihren Fragen zu diesem Buch überhaupt erst inspiriert haben. Ohne die unermüdliche Unterstützung meiner Follower und Kursteilnehmenden wäre ich jetzt nicht an diesem Punkt meiner künstlerischen Karriere. Ich danke euch von Herzen!

Und zu guter Letzt möchte ich mich bei meinen beiden tollen kleinen Jungs bedanken. **M** und **N** – ihr seid meine tägliche Inspiration, die Freude in meinem Herzen und mein ganzes Glück.

Du bist fleißig am Üben oder hast Lust bekommen, eines der Projekte aus dem Buch umzusetzen? Ich würde mich riesig freuen, wenn du das Ergebnis auf Social Media teilst. Markiere deine Beiträge gerne mit #animierenmitstudioumi, damit wir uns alle gegenseitig motivieren können.

Index

Bildnachweise

Bildnachweis Pinguin, Seite 137, 138: www.one-fotoagentur.de, iStock, Stock-Fotografie-ID:1136414699

Bildnachweis Corgi, Seite 76: alkir, iStock, Stock-Fotografie-ID:514781394

Bildnachweis Ping Pong, Seite 42: Freepik, flat-design-table-tennis-concept, »Designed by Freepik«

Bildnachweis Portrait, Seite 10: Sarah Schneller, www.sarahschneller-fotografie.de/

Max Ulichney | Dominik Mayer
Izzy Burton | Samuel Inkiläinen
Nicholas Kole | Lucas Peinador
Sam Nassour | Aveline Stokart
Simone Grünewald

Digital Painting mit Procreate

Digitales Malen auf dem iPad

2. Auflage

Einführung in die wichtigsten Procreate-Funktionen für digitales Malen

8 Tutorials von professionellen Illustrator*innen mit detaillierten Schritt-für-Schritt-Anleitungen

Illustration, Charakterdesign, Fantasy-Landschaften und -Kreaturen, Raumschiff, Science-Fiction-Wesen, Zeichnen im Freien und Malen wie mit traditionellen Medien

Procreate ist die beliebteste App für digitales Malen und Zeichnen auf dem iPad. In diesem Buch zeigen dir Experten, wie du mit Procreate deiner Kreativität freien Lauf lassen kannst und selbst zum digitalen Künstler wirst.

Im ersten Teil des Buches lernst du alle Procreate-Funktionen und -Werkzeuge kennen, die du zum digitalen Malen brauchst: von der Oberfläche und den Bedienelementen über Gestensteuerung und Pinsel bis hin zum Einsatz von Farben. Du erfährst, wie du mit Ebenen arbeitest und zahlreiche beeindruckende Effekte kreierst.

Im zweiten Teil findest du 8 Tutorials von bekannten Künstler*innen und Illustrator*innen mit detaillierten Schritt-für-Schritt-Anleitungen, so dass du genau nachvollziehen kannst, wie die einzelnen Bilder entstehen und erfährst, wie du deinen Workflow optimal gestaltest.

Mit diesem Buch lernst du alles, was du für deine digitalen Kunstwerke brauchst. Lass dich inspirieren und setze deine eigenen kreativen Ideen um.

ISBN 978-3-7475-0643-1

Probekapitel und Infos erhalten Sie unter:
www.mitp.de/0643

Pavo *djangonaut* Ivković

Handlettering mit Procreate

Grundlagen, Gestaltung & Schritt-für-Schritt-Anleitungen

2. Auflage

Alle Procreate-Funktionen speziell für das digitale Handlettering ausführlich erläutert sowie zahlreiche Tipps & Tricks

Atemberaubende Effekte mit Ebenen zaubern und eigene Pinsel erstellen

Zahlreiche Tutorials mit Schritt-für-Schritt-Anleitungen: Schatteneffekte, Buchstaben verzieren, Watercolor-Lettering, Handlettering mit Fotos kombinieren u.v.m.

Du liebst Buchstaben und Handlettering und möchtest sofort loslegen und tolle Werke kreieren? Dann ist dieses Buch für dich genau das richtige.

Im ersten Teil des Buches lernst du alle Procreate-Basics kennen, die du für das Handlettering brauchst: von einfachen Grundfunktionen und Gestensteuerung bis hin zu Ebenen-Funktionen und dem Pinselstudio inkl. dem Erstellen eigener Pinsel. Der Autor zeigt dir dafür viele Tipps & Tricks aus der Praxis. Außerdem erhältst du noch hilfreiche Informationen zu weiteren Grundlagen wie u.a. zu den Themen Farben und Layout.

Im zweiten Teil findest du zahlreiche Tutorials mit detaillierten Schritt-für-Schritt-Anleitungen. Hier zeigt dir der Autor die schönsten Effekte für deine eigenen Handletterings.

So lernst du mit diesem Buch alles, was du für deine eigenen Handletterings brauchst, und findest darüber hinaus zahlreiche Ideen, wie du dich selbst kreativ austoben kannst.

ISBN 978-3-7475-0538-0

Probekapitel und Infos erhalten Sie unter:
www.mitp.de/0538